DÉFENSE

DE L'ORDRE SOCIAL

CONTRE LES PRINCIPES

DE

LA RÉVOLUTION FRANÇAISE.

Le dépôt de 5 exemplaires à la Préfecture de la Loire Inférieure, a été fait conformément à la loi. Tous les exemplaires porteront la signature de l'Éditeur.

DÉFENSE

DE L'ORDRE SOCIAL,

CONTRE LES PRINCIPES

DE LA

RÉVOLUTION FRANÇAISE,

Par J.-B. DUVOISIN.

NOUVELLE ÉDITION.

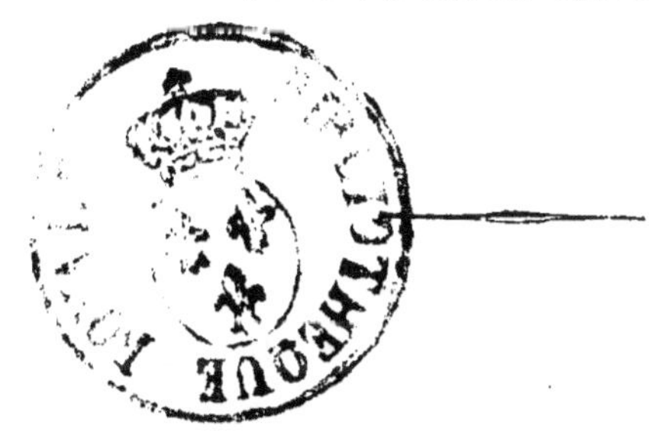

A NANTES,

DE L'IMPRIMERIE DE MELLINET-MALASSIS.

1820.

AVIS DE L'ÉDITEUR.

L'OUVRAGE que nous offrons au public fut d'abord entrepris en 1795, par M. J.-B. Duvoisin, docteur de la maison et société de Sorbonne, grand-vicaire de Laon, et depuis Evêque de Nantes, sous le titre d'EXAMEN DES PRINCIPES DE LA RÉVOLUTION FRANÇAISE. Il fut completté à Brunswick, et imprimé à Londres en 1798, sous le titre de DÉFENSE DE L'ORDRE SOCIAL.

Le but principal de l'auteur fut manqué : l'ouvrage ne put parvenir en France, et sa patrie, pour laquelle il l'avait écrit, en a été seule privée, parce qu'il était en faveur des Bourbons, et contraire à l'usurpation et au despotisme ; mais il fit sensation chez les étrangers : il fut traduit et réimprimé en plusieurs langues.

Après des réflexions générales sur la société civile et les gouvernemens, l'auteur discute et examine à fond les questions de liberté, d'égalité, de souveraineté du peuple, d'insurrection, des droits et des limites de la puissance souveraine, de l'influence de la religion sur l'ordre social, de la tolérance des cultes, et il termine par un court examen des Constitutions de 1791, 1793 et 1795. Il laisse de côté les faits pour n'envisager la révolution que dans ses principes spéculatifs, et il en conclut dès lors que la France n'avait plus à espérer que le despotisme le plus affreux jusqu'à ce qu'elle retournât à son Roi légitime.

L'ouvrage est surtout remarquable par le talent le plus extraordinaire, la logique la plus pressante et la modération la plus complète. L'auteur ne dissimule ni les objections, ni les autorités de ses adversaires, et il ne les expose avec clarté que pour les combattre avec force.

Il n'attaque que les maximes et les opinions, et jamais les personnes. Son intention est de persuader à tous les Français que leur bonheur est inséparable de la tranquillité publique, et que la tranquillité publique dépend de la stabilité du gouvernement et de la soumission à l'autorité légitime.

C'est dans la même vue que nous publions cette édition, prise sur une copie manuscrite de l'ouvrage. Peut-être, dans les circonstances actuelles, est-il à propos de mettre sous les yeux des Français les saines doctrines sur lesquelles repose tout l'édifice social.

DÉFENSE

DE L'ORDRE SOCIAL

CONTRE LES PRINCIPES

DE LA RÉVOLUTION FRANÇAISE.

CHAPITRE I.

*Considérations préliminaires sur la Société civile
et sur les Gouvernemens.*

Cᴇ n'est point dans les institutions humaines,
c'est dans la nature qu'il faut chercher les principes
fondamentaux de l'ordre social. Les hommes ont
créé les sociétés politiques , ils les ont diversifiées
selon le génie, le caractère et le besoin des peuples;
mais en s'unissant pour vivre sous des lois communes , ils n'ont fait qu'obéir à l'impulsion irrésistible de la Nature.

Le plus célèbre des philosophes de l'antiquité définit l'homme, un animal politique ou social. En effet, la longueur et les besoins de son enfance, l'usage de la parole qui le distingue de tous les animaux, sa perfectibilité qui ne connaît point de terme et qui ne peut se développer que par le commerce de ses semblables, ses affections expansives qui le font jouir ou souffrir dans les autres; ses passions, ses vertus, ses vices même, tout démontre qu'il est né pour la société.

La société domestique est, sans doute, le premier vœu de la Nature; mais elle n'en remplit pas toutes les vues. Elle est trop retrécie et trop faible pour suffire aux penchans de l'homme, à ses besoins, à ses dangers. Les liens du sang se relâchent à mesure qu'ils s'étendent: les familles tendent sans cesse à se séparer; l'autorité qui doit les contenir, la force qui doit les protéger, s'évanouiraient bientôt, si elles ne se réunissaient pas en une seule famille politique. La société domestique est l'élément de la société civile. Sans la première, les individus ne pourraient se conserver; sans la seconde, les familles ne peuvent se perpétuer.

D'ailleurs, il est évident que le genre humain ne peut se multiplier à un certain point, et subsister avec quelque aisanse, si le droit de propriété n'est pas reconnu. Le droit de propriété augmente la valeur de la terre en la fécondant par la culture;

il conserve jusqu'à leur parfaite maturité les productions de la nature que le droit de premier occu-
pant détruirait avant terme. Il étend et perfectionne
les commodités de la vie , par l'échange que les
hommes font entr'eux du produit de leurs fonds
et du fruit de leur industrie. Tels sont les avantages
du droit de propriété , que par-tout où il est
reconnu, ceux même qui n'ont aucune propriété
personnelle, sont mieux pourvus contre les besoins
de la nature, que ne l'est aucun de ceux qui errent
dans ces vastes solitudes où tout est en commun.

Or , quoique le droit de propriété ait son fondement dans le droit naturel , il faut convenir qu'il
ne peut être réglé et protégé que par le droit civil.
Il serait même facile de prouver que la propriété
foncière ne peut exister que dans la société civile ;
et qu'il n'y a de société civile proprement dite ,
que parmi les nations agricoles. D'où il suit que , si
l'homme est appellé à l'agriculture par ses besoins
et par la voix de la nature, on ne peut nier que
l'état social ne soit son état naturel.

Enfin la société civile et ses divers établissemens
sont les effets nécessaires de ce principe, en vertu
duquel l'espèce humaine tend continuellement à se
perfectionner. Ce n'est pas en s'éloignant de la Nature, comme l'ont dit quelques philosophes, c'est
en suivant sa direction et en la secondant, que les
hommes font tous les jours des progrès dans la

carrière des arts et des sciences. Or, les arts et les sciences ne peuvent naître, ne peuvent être cultivés que dans les grandes sociétés. Les sauvages construisent des cabanes, les peuples civilisés bâtissent des palais : les uns sont conduits par la nature brute et dans l'enfance, les autres par la nature perfectionnée. Jusqu'à présent on n'a trouvé sur toute la terre aucune nation éclairée et industrieuse qui n'eût des lois, des magistrats, un gouvernement. L'ignorance, au contraire, et la barbarie sont le partage de toutes les hordes vagabondes et indépendantes.

C'est donc bien improprement que l'on appelle *Etat de nature*, cette indépendance de toute loi positive, que l'on suppose avoir précédé l'institution des sociétés civiles. Cet état n'est pas plus l'état naturel du genre humain, que l'enfance n'est l'état naturel de l'homme.

C'est avec moins de raison encore que certains philosophes affectent de regretter ces premiers tems, où l'homme, soumis aux seules lois de la nature, vivait paisible, libre, heureux, innocent. L'histoire ne connaît point cet âge d'or, dont les poëtes nous ont laissé de si riantes descriptions. Le peu de documens qui nous restent sur les tems fabuleux et héroïques de l'antiquité, et bien mieux encore, l'état où l'on a trouvé les peuples sauvages de l'Afrique et de l'Amérique nous apprend que l'homme n'est jamais plus vicieux, plus dégradé, plus misérable, que lorsqu'il vit abandonné aux seules lois de la nature. Non que ces lois si elles étaient observées, ne pussent assurer le bonheur des individus et la paix des familles, mais parce qu'une expérience constante a démontré qu'elles ne peuvent être connues et observées, qu'autant qu'elles sont expliquées et protégées par les lois civiles.

On ne peut former que des conjectures sur la marche qu'ont suivie les fondateurs de l'ordre social. La naissance des premières sociétés politiques se perd dans les ténèbres de l'antiquité et de la barbarie. Tous les empires ont commencé par quelques familles auxquelles d'autres se sont unies, ou volontairement pour chercher un appui, ou forcément pour subir la loi du vainqueur. Si, dans les premiers tems, la piété filiale déféra l'autorité aux pères de famille, il ne tarda pas à s'élever des *Nemrod*, et bientôt le gouvernement militaire remplaça le gouvernement patriarcal. Les droits et la volonté des peuples ont été rarement consultés. La violence, la conquête, l'usurpation, ont fondé la plupart des empires. Mais le tems, qui convertit la possession en propriété, a légitimé les gouvernemens, et l'acquiescement des peuples a couvert le vice de leur naissance.

Ne cherchons pas dans l'histoire les principes de

la société civile: nous n'y trouverions que les erreurs et les crimes des hommes. Oublions les faits pour ne nous occuper que du droit, et, sans nous inquiéter de la véritable origine des gouvernemens, examinons comment ils se seraient formés, si la justice seule eût présidé à leur institution.

Dans l'état de nature ou de barbarie qui a précédé l'ordre social, il n'existait ni lois qui fixassent les droits respectifs, ni magistrats qui décidassent les contestations, ni force publique qui fit respecter les jugemens. Chacun ne reconnaissant de juge que soi-même, la force individuelle devenait la mesure et l'unique règle du droit. Ainsi, l'état de nature était non de droit, comme le dit Hobbes, mais par le fait un état de guerre de tous contre tous, *bellum omnium in omnes*. C'était le chaos d'où devait sortir le monde moral.

Le premier pas que les hommes ont fait vers la civilisation a été de former une peuplade par la réunion de plusieurs familles, dont les chefs délibé-rèrent entr'eux sur les moyens de maintenir l'ordre, la paix, la sûreté des biens et des personnes.

Le fruit de cette délibération, ou le second pas vers l'état civil, fut de reconnaître qu'il était né-cessaire que tous les individus consentissent à soumettre leur volonté et l'emploi de leurs forces à la volonté d'un ou de plusieurs chefs, à qui l'on conférait le droit d'ordonner de tout ce qui concernaît l'utilité commune. Cette union de toutes les volontés et de toutes les forces particulières constitue le corps politique de l'état.

La société civile a pour but de réunir les volontés et les intérêts que les passions tendent à diviser, de réprimer les volontés particulières par la volonté générale, de ramener, de subordonner du moins, les intérêts personnels à l'intérêt commun, de protéger les droits de chacun, de contenir l'injustice et la violence par la crainte du châtiment ; enfin, de repousser les agressions et les entreprises injustes des autres états.

De là, comme l'observe Locke, dans son Traité du gouvernement civil, trois pouvoirs sans lesquels nulle société politique ne peut subsister.

1.º Le pouvoir législatif, ou le droit de prescrire des règles de conduite auxquelles tous les membres de l'état soient tenus de se conformer.

2.º Le pouvoir exécutif ou le droit d'employer la force publique pour assurer l'observation des lois. Sous le pouvoir exécutif est compris le pouvoir judiciaire, ou le droit de faire avec autorité l'application de la loi aux différens qui s'élèvent entre les citoyens.

3º. Le pouvoir fédératif, que j'aimerais mieux appeler défensif, lequel renferme le droit de la guerre et de la paix, les ligues, les alliances, les traités.

Le pouvoir législatif et le pouvoir exécutif ont pour objet les membres de la société. Le pouvoir défensif a pour objet les autres peuples, à l'égard desquels la société est dans l'état de nature, puisque antérieurement à toute convention positive , ils n'ont avec elle d'autres lois communes que celles de la justice naturelle et de l'humanité.

Le chef, le conseil ou l'assemblée , la personne naturelle ou morale en qui réside ce triple pouvoir, s'appelle le souverain. La souveraineté emporte donc le droit de commander et de contraindre , et l'obligation de protéger.

Dans la formation d'un Etat, il intervient trois conventions générales et fondamentales. En vertu de la première, un certain nombre de familles jusqu'alors indépendantes , s'unissent en corps de nation. La seconde détermine la forme du gouvernement , institue les lois fondamentales , et choisit le souverain. Par la troisième , le souverain s'oblige à ne faire usage du pouvoir qui lui est confié que pour le bien du peuple , et le peuple, de son côté , s'engage à faire tout ce que le souverain ordonnera comme chef de l'Etat.

Une nation qui se constitue en Etat politique , peut vouloir, ou que l'administration de la chose publique appartienne à tous les citoyens réunis, ou qu'elle soit laissée à un certain ordre de citoyens établi et déterminé par une loi , ou que l'autorité toute entière soit abandonnée à une seule personne.

Toutes les formes de gouvernement, j'entends les formes simples du mélange desquelles se composent les formes mixtes, se réduisent donc à la démocratie ou l'empire du peuple, à l'aristocratie ou l'empire des nobles (*optimates*), à la monarchie ou l'empire d'un seul. *Cunctas nationes et urbes*, dit Tacite, *populus, aut primores, aut singuli regunt.*

Chacune de ces trois formes est susceptible de modifications, dont quelques-unes les différencient essentiellement. La démocratie, où le peuple tout entier s'assemble pour délibérer et gouverner immédiatement, comme dans les anciennes républiques de la Grèce et dans les comices de Rome, n'est pas la même que celle où il ne gouverne que que par les représentans qu'il a nommés. L'aristocratie de Venise, où les nobles n'avaient d'autorité que comme membres du sénat ou des conseils assemblés, différait de l'aristocratie polonaise, qui donnait aux nobles une autorité individuelle qu'ils exerçaient même hors de la diète. Enfin la monarchie tempérée, où un seul gouverne selon des lois fixes et reconnues, ne doit pas être confondue avec le despotisme, où un seul gouverne sans autre loi que sa volonté.

Montesquieu, et la plupart des publicistes divisent les gouvernemens en *despotisme, monarchie* et *république*. Cette division me semble peu exacte. D'une part , le despotisme n'est que l'abus et la corruption de la monarchie ; de l'autre , la démocratie et l'aristocratie n'ont rien de commun , et ne doivent pas être comprises sous une même dénomination. Si l'on veut parler avec justesse et précision , il n'y a que les démocraties qui puissent s'appeler républiques.

De ces trois formes de gouvernement, quelle est la plus parfaite ? Question insensée, répond le célèbre Pope, le meilleur gouvernement est celui qui est le mieux administré.

> For forms of governement le fools contest :
> What'er is best administer'd, is best. (1)

Mais la question revient , et l'on demandera quelle est la forme de gouvernement qui se prête plus aisément à une bonne administration.

Tous les gouvernemens ont leurs avantages , leurs inconvéniens propres. La paix et la liberté sont les deux grands biens que les hommes ont prétendu s'assurer, en se donnant des lois et un gouvernement. Mais il n'est pas facile de concilier ces deux intérêts. La démocratie ne conserve la liberté des individus , qu'aux dépens de la tran-

---

(1) Que les sots se disputent sur les formes de gouvernemens : Celui qui est le mieux administré est le meilleur.

quillité publique ; la monarchie est plus favorable à la paix intérieure qu'à la liberté. L'aristocratie maintient la paix ou la liberté , selon qu'elle est héréditaire ou élective , c'est-à-dire , selon qu'elle se rapproche de la monarchie ou de la démocratie.

Dans les institutions humaines , la perfection absolue est une chimère. Les gonvernemens ne sont susceptibles que d'une perfection relative. Il ne faut pas demander quel est le gouvérnement le plus parfait ; mais quel est celui qui convient mieux au climat, au caractère, aux mœurs , aux habitudes, aux préjugés d'une nation. J'ai donné aux Athéniens, disait Solon, non les meilleures lois possibles, mais les meilleures qu'ils pussent recevoir.

Plus un gouvernement est ancien , plus en général il approche de la perfection. Car on doit penser qu'il n'a subsisté si long-tems , que par ce qu'il a trouvé ou rendu le caractère de la nation conforme à ses principes. « Non par opinion, mais en vérité , » dit le bon et judicieux Montaigne , l'excellente » et meilleure police est à chacune nation celle sous » laquelle elle s'est maintenue. Sa forme et commodité essentielle dépendent de l'usage.... ès affaires publiques, il n'est aucun si mauvais train , » pourvu qu'il ait de l'àge et de la consistance, » qui ne vaille mieux que le changement et le » remuement. »

Un autre moyen d'apprécier les gouvernemens ,

c'est d'examiner l'état des peuples. La tranquillité intérieure, la prospérité du commerce, les progrès de l'industrie, et, par-dessus tout, l'accroissement de la population sont des caractères auxquels on reconnaît un gouvernement sage et bien constitué. Par-tout où le peuple est heureux, le gouvernement est bon. C'est donc par les faits qu'il faut juger les gouvernemens, et non par des principes spéculatifs sur lesquels on disputerait éternellement. En politique, comme en physique, l'expérience vaut mieux que les systèmes.

Cependant il faut convenir que les gouvernemens extrêmes, le despotisme et la démocratie pure, sans mélange d'aristocratie, sont essentiellement vicieux. Le despotisme, parce qu'il opprime et anéantit toute liberté; la démocratie pure, parce qu'elle mène infailliblement à l'anarchie, et détruit la liberté par l'excès de la liberté. Dans l'un, c'est la tyrannie d'un seul; dans l'autre, c'est la tyrannie de la multitude, mille fois plus cruelle que celle d'un desposte.

Le despotisme est une monarchie sans lois, où les sujets n'ont point de droits à l'égard du souverain, où la volonté du maître est le seul titre de propriété. La démocratie pure ne diffère presque pas de l'état de nature, l'une et l'autre ayant pour principes la liberté et l'égalité : elle annonce l'enfance, ou la dissolution de la société.

Le pire des Etats , c'est l'Etat populaire (1).

Burlamaqui a très-bien défini ce gouvernement, en disant qu'il n'a rien de bon, que la liberté qu'il laisse au peuple d'en choisir un meilleur.

La sûreté personnelle, la liberté, le droit de propriété n'existent et ne peuvent se maintenir que sous les gouvernemens modérés. Mais que faut-il entendre par un gouvernement modéré ?

Les gouvernemens modérés , quelle que soit leur forme et leur dénomination , sont ceux où les sujets n'ont à souffrir ni des excès d'une entière liberté , ni de la gêne d'une entière servitude : *nec totam servitutem, nec totam libertatem.* (2) Ce sont les gouvernemens où l'on reconnaît une constitution, c'est-à-dire des lois fondamentales qui fixent, restreignent et dirigent l'exercice du pouvoir souverain. Dans tout gouvernement, où nul citoyen ne peut être privé de ses biens, de sa liberté, de la vie, que par un jugement public rendu conformément à des lois, et selon des formes reçues ; dans tout gouvernement, où il est permis d'appeler de la volonté arbitraire du souverain á sa volonté légale, il existe une constitution plus ou moins parfaite, selon que la propriété, la liberté, la sûreté des citoyens, et la tranquillité publique sont plus ou moins assurées.

---

(1) Cinna.　　　　　　(2) Tacite.

Il n'en existe point dans le despotisme et dans la démocratie pure , parce que le despote et le peuple ne voient rien au-dessus d'eux , et ne peuvent se croire liés aujourd'hui par la volonté qu'ils ont eue hier. Dans un état ordonné, la constitution est la loi du souverain , comme du simple citoyen : il y est soumis, parce que ce n'est pas lui qui l'a faite, et qu'il ne peut la violer, comme dit l'illustre Fénélon , sans violer son titre fondamental. Mais comment le despote et le peuple souverain seraient-ils soumis à une constitution qui est leur ouvrage , et qu'ils sont en droit de changer toutes les fois qu'il leur en prend envie?

Un principe , ou plutôt une erreur manifeste des publicistes de la révolution, c'est qu'il ne peut y avoir de constitution dans une monarchie. De sa nature , le gouvernement monarchique n'est pas moins compatible que les gouvernemens mixtes ou républicains avec une constitution qui prévienne les abus du pouvoir arbitraire. Le Conseil ou le Sénat d'une république peut exercer un pouvoir illimité, comme le monarque peut ne jouir que d'une autorité circonscrite par la loi. L'histoire moderne nous montre en Europe des aristocraties despotiques et des monarchies tempérées.

Les publicistes révolutionnaires ont encore prétendu que la France n'avait pas une constitution , et c'est peut-être de tous leurs paradoxes celui qui a trouvé le plus de faveur auprès des étrangers,

(15)

J'avoue que la France n'avait pas une constitution
écrite, signée du Roi et des représentans de la
Nation. Je ne connais que trois états qui possèdent
une Charte semblable, l'Angleterre, le Danemarck
et les État-Unis de l'Amérique septentrionale (1).
Dira-t-on que tous les autres états n'ont pas de
constitution ? Ou plutôt, ne faut-il pas reconnaître
que la constitution d'un pays se trouve dans l'en-
semble des lois et des coutumes, selon lesquelles ce
pays est gouverné, soit que ces lois et ces coutumes
ayent été recueillies et consignées dans une charte
authentique, soit qu'elles soient éparses dans les
divers monumens de l'histoire et du droit public
d'une nation ?

Je sortirais de mon sujet, si j'entreprenais de
prouver par l'exposition de notre droit public que
la monarchie Française avait une constitution,
c'est-à-dire une forme de gouvernement réglée par
des lois fondamentales et par des coutumes invio-
lables. Je dirai seulement qu'une monarchie qui a
subsisté quatorze siècles, et dont la gloire et la
prospérité allaient toujours croissant de régne en
régne, n'était pas un état sans constitution, à moins
que l'on ne prétende, qu'il n'est pas besoin de
constitution pour assurer le bonheur et la durée
d'un grand empire. « Si depuis plusieurs siècles,
» dit Montesquieu, la France a augmenté sans cesse

---

(1) Et actuellement la France. (*Note de l'Éditeur.*

» sa puissance, il faut attribuer cela à la bonté
» de ses lois et non pas à la fortune qui n'a pas
» cette sorte de constance. » Machiavel était bien
éloigné de croire que la France n'eût pas de constitution. « Le royaume de France, » dit ce profond
observateur, « est heureux et tranquille, parce
» que le Roi est soumis à une infinité de lois qui
» font la sûreté des peuples. Celui qui constitua ce
» gouvernement voulut que les rois disposassent
« à leur gré des armes et des trésors; mais pour
» le reste, il les soumit à l'empire des lois. »

Alléguera-t-on les abus de l'ancien régime pour
prouver que la France était sans constitution ?
Sans doute il existait sous l'ancien régime des abus
crians ; mais ces abus ne provenaient ni du défaut
de constitution, ni même du vice de la constitution.
Il en est qui prenaient leur source dans l'imper-
fection inséparable des institutions humaines et auxquels il eut été impossible de remédier, sans s'exposer à de plus grands inconvéniens. Mais la plupart appartenaient à l'administration qui, dans ces
derniers tems, ne se ressentait que trop du dépérissement des principes et de la dépravation des
mœurs publiques. Du reste, la révolution entreprise
pour la réforme des abus, a bien vengé le gouvernement monarchique des déclamations de ses ennemis.

Un troisième préjugé non moins répandu, et

aussi peu réflechi confond le gouvernement absolu avec le gouvernement despotique.

Le pouvoir absolu est celui auquel il n'est pas permis de résister, quand il se tient dans la sphère de son action. Le pouvoir despotique est un pouvoir arbitraire dont la sphère n'a d'autres bornes que les passions et les caprices du souverain : ce sont deux notions essentiellement différentes. Le gouvernement absolu n'est pas un gouvernement arbitraire , s'il existe dans l'état des lois fonda-mentales que le souverain ne puisse changer, et contre lesquelles tout ce qui se ferait serait nul de plein droit ; si les bornes qui séparent les pro-priétés ne peuvent être arrachées , ou déplacées au gré du souverain ; sur-tout si la constitution admet des professions distinguées , dont les droits et les privilèges soient une partie essentielle du droit public, car l'égalité parfaite entre tous les membres d'un état est, ou un effet du pouvoir arbitraire , ou un moyen de l'établir. Le Tiers-Etat qui poursuivait avec tant d'acharnement l'extinction des ordres du clergé et de la noblesse, ne voyait pas qu'il se plaçait dans l'al-ternative du despotisme ou de l'anarchie: si l'autorité royale eût survécu à la noblesse et au clergé, la France aurait eu un sultan , des bachas et des janissaires·

Il est de l'essence de tout gouvernement d'être absolu; c'est-à-dire que , dans quelque gouverne-ment que ce soit, l'autorité doit vaincre toutes les résistances. Que l'autorité reside toute entière dans l'assemblée du peuple, dans un sénat, dans un monarque, ou que chacun d'eux n'en ait qu'une partie, il faut qu'elle soit souveraine et absolue, sans quoi il y aurait anarchie; mais il faut, en même tems, que dans son exercice elle soit assujettie à des lois et à des formes constitutionnelles, sans quoi il y aurait despotisme.

Les trois formes primitives de gouvernement ne sont pas tellement séparées, que l'une n'admette quelque chose des autres. La démocratie se dissoudrait bientôt, si elle n'était éclairée et contenue par des corps aristocratiques. A Rome, le peuple était modéré par le sénat. Periclès précipita la chute d'Athènes, en affaiblissant l'autorité de l'Aréopage. L'aristocratie, par la concentration du pouvoir, se rapproche de la monarchie, et la monarchie, en reconnaissant des ordres et des corps intermédiaires entre le peuple et le souverain, se tempère par l'aristocratie.

Le despotisme lui-même est bridé par l'opinion.

« C'est une erreur de croire, dit Montesquieu, » qu'il y ait dans le monde une autorité humaine, » à tous égards despotique. Il n'y en a jamais eu, » et il n'y en aura jamais. Le pouvoir le plus immense est toujours borné par quelque coin..... » Il y a dans chaque nation un esprit général, sur » lequel la puissance même est fondée. Quand elle

» choque cet esprit , elle se choque elle-même et
» elle s'arrête nécessairement. » Un despote peut
renverser les lois , mais il est forcé de respecter
les coutumes. Les gouvernemens qui ne sont pas
limités par la loi, le sont par des préjugés. La religion musulmane , toute absurde qu'elle est, corrige
un peu le gouvernement turc.

Mais il n'est rien qui agisse si puissamment sur
les gouvernemens que l'esprit public et les mœurs
nationales. Quand les mœurs sont bonnes , tout
gouvernement est bon. Le despotisme de la Chine
ne nous présente que l'image du gouvernement
paternel, parce que la Chine a des mœurs. Si
les mœurs sont mauvaises , elles corrompent le
meilleur gouvernement. La constitution de Carthage, au rapport d'Aristote , ressemblait beaucoup
à celle de Sparte ; mais à Sparte , la vertu et la
frugalité étaient le principe et le ressort de l'Etat ;
à Carthage, les richesses et le commerce. Les bonnes
mœurs corrigent même les mauvaises lois : à Rome ,
le divorce était permis par la loi , et le premier
exemple du divorce ne fut donné qu'après plus de
cinq cens ans ; en France , la liberté du divorce a
introduit une véritable polygamie , parce que le divorce était dans les mœurs , avant qu'un décret l'eut
placé dans le code national.

Des trois formes primitives il se compose des
formes mixtes , où les principes des trois gouverne-

mens sont balancés l'un par l'autre. Telles étaient chez les anciens les constitutions de Crète , de Lacédémone et de Carthage. Telle était même la constitution de la république romaine , où les consuls représentaient , à quelques égards , les Rois de Lacédémone, et les Tribuns du peuple , les Éphores. Telle est aujourd'hui celle de l'Angleterre (1) , monarchique par son roi , aristocratique par la chambre des pairs , démocratique par la chambre des communes.

Le caractère propre de ces gouvernemens , c'est que les affaires sont décidées par le concours de plusieurs volontés toutes remuées par des intérêts différens , et que l'on suppose , en conséquence, ne pouvoir s'accorder que sur les résolutions conformes à l'intérêt général. Tous les pouvoirs publics s'éclairent , se surveillent , se contiennent réciproquement dans les limites que leur trace la constitution. C'est un avantage que n'ont pas les gouvernemens simples. Mais , d'un autre côté , cette rivalité n'est-elle pas un germe de troubles et de révolutions ? Et n'est-il pas à craindre que la plus légère altération dans ces oscillations continuelles n'arrête tout-à-coup le jeu d'une machine si compliquée ? Le calme et la prospérité dont l'Angleterre jouit depuis un siècle , est peut-être moins l'effet des

____

(1) Et celle de la France. (*Note de l'Editeur.*)

principes de sa constitution , que de la modération des rois et de l'habileté de ses ministres.

Mais , quels que soient les avantages et les inconvéniens de ces gouvernemens composés , il ne faut jamais oublier qu'un gouvernement n'est bon , qu'autant qu'il convient au peuple à qui l'on se propose de le faire adopter. C'est à quoi n'avaient pas assez réfléchi les novateurs qui, à la naissance de la révolution , voulaient perfectionner notre gouvernement, en y introduisant les formes de la constitution britannique. Ils ne voyaient pas que, pour assurer le succès de leur réforme, il eût fallu, non-seulement nous donner le caractère, les opinions, les habitudes des Anglais ; mais encore séparer la France du reste de l'Europe, comme l'Angleterre en est séparée par la mer. Sans armées, sans places fortes, la France demeurerait exposée aux invasions; avec des places fortes et une armée, le Roi serait trop puissant , l'équilibre entre les trois pouvoirs serait rompu , et la constitution périrait. (1)

S'il est vrai que les diverses formes de gouvernement ne conviennent pas également à toutes les nations, il faut savoir à quels caractères généraux on reconnaîtra le gouvernemeut qui convient le

---

(1) La France n'a point à craindre le despotisme d'un Bourbon , mais par une sage disposition de la Charte , qui a pour base l'inviolabilité du Souverain , et qui cependant donne au peuple toutes les garanties possibles, les ministres du Roi sont responsables des abus du pouvoir.

(Note de l'Editeur.)

mieux à une nation qui se trouve dans des circonstances données.

Principe général, fondé sur la nature, et confirmé
par l'histoire : le gouvernement républicain, la démocratie sur-tout, ne convient qu'à un état petit ou
médiocre, parce que dans ce gouvernement, les
ressorts, nécessairement multipliés, ne produisent
qu'une action lente et faible, qui ne pourrait se porter aux extrémités d'un vaste territoire. La démocratie pure conviendrait à peine à une petite ville ;
encore faudrait-il que l'on n'y connût ni le commerce
étranger, ni le luxe et les arts corrupteurs.

C'est une maxime de Tacite, que les richesses sont
incompatibles avec la liberté : *Est apud illos* (il
parle de l'un des peuples de la Germanie) *et opibus
honos, eoque unus imperitat.* Un peuple qui est
à la fois sujet et souverain, a besoin d'une grande
simplicité de mœurs et d'une vertu austère pour
obéir constamment à des lois qu'il s'est imposées
lui-même. C'est en ce sens que l'on peut dire avec
Montesquieu, que la vertu est le principe du gouvernement républicain.

Dans la monarchie, un seul ressort produit la
plus grande action possible avec la plus grande cé-
lérité possible. Le gouvernement d'un seul convient
donc à une grande nation. Car la force du gouvernement doit être en proportion avec celle de la résistance ; et l'effort de la résistance ou de la réaction

contre le gouvernement, croît en raison de l'étendue de l'état, de ses richesses et de sa population. Les républiques elles-mêmes , dans ces tems de crise qui demandent le développement de toutes leurs forces , sont obligées d'emprunter de la monarchie une vigueur qu'elles ne trouvent point dans leur constitution. Quand Rome se croyait en danger, elle suspendait toutes les magistratures , et confiait tous ses pouvoirs à un dictateur. En 1672 , et en 1747 , la Hollande crut ne pouvoir se défendre contre la France , qu'en rétablissant le Stathoudérat héréditaire.

Si l'on me citait, comme objection ou comme exception, l'existence et les succès militaires de la république française, je répondrais que c'est une nouvelle preuve du principe général. Car il est évident que cette république nominale ne subsiste que par le régime du despotisme.

Dans un petit état, chez un peuple vertueux, frugal et animé d'un esprit public, le gouvernement démocratique ne coûte presque rien à l'état , et les choix pour l'ordinaire ne tombent que sur les plus dignes. Mais dans un vaste empire, chez une nation corrompue, où rien ne se fait que pour de l'argent , où les emplois ne sont envisagés que comme des moyens d'aller à la fortune, la démocratie qui multiplie à l'infini, et renouvelle chaque année les agens de l'administration , est ruineuse par elle-même, et par les abus énormes qu'entrainent nécessairement des élections fréquentes , où les uns ont le moyen d'acheter et les autres le besoin de vendre les suffrages.

Si , au mépris de ces principes, on s'obstine à vouloir établir une constitution populaire dans un état vaste et puissant, ou la république croulera écrasée par sa masse , ou , à l'ombre de cette constitution et sous le prétexte de la défendre, il s'élevera un gouvernement despotique, d'autant plus formidable , que les lois n'auront pu ni en prévoir, ni en réprimer les excès. (1)

Puisqu'un grand Etat ne peut se passer d'un gouvernement monarchique, il faut aussi qu'il ait une constitution monarchique. Il n'y a pas de plus grand vice politique que l'opposition entre le gouvernement d'un état et sa constitution.

Tout ce qui sort de la main des hommes porte le caractère de l'instabilité , les gouvernemens plus que tout autre chose ; car non-seulement ils sont l'ouvrage des hommes, mais les hommes en sont les élémens.

La constitution d'un état peut changer de deux manières , ou par des innovations violentes et soudaines, ou par des variations graduées que le

---

(1) La République Française a produit Buonaparte. *(Note de l'Editeur.)*

tems et les circonstances amènent insensiblement. Les innovations violentes entraînent presque toujours la ruine, ou du moins la désolation de l'état.

« Rien, dit encore Montaigne, ne presse un Etat,
» que l'innovation. Le changement donne seul
» forme à l'injustice et à la tyrannie. Quand quel-
» que pièce se démanche on peut l'étayer : on peut
» s'opposer à ce que l'altération et corruption na-
» turelles à toutes choses ne nous éloignent trop de
» nos commencemens et principes. Mais d'entre-
» prendre à réformer une si grande masse, et à
» changer les fondemens d'un si grand bâtiment,
» c'est à faire à ceux qui veulent amender les dé-
» fauts particuliers par une confusion universelle,
» et guérir les maladies par la mort......toutes
» grandes mutations ébranlent l'état et le désor-
» donnent. «

Les variations insensibles, au contraire, tendent presque toujours à l'affermir, et souvent à perfectionner son régime : elles sont moins l'ouvrage des hommes, que celui de la nature et des événemens, dont la marche entraîne les gouvernemens.

Jusqu'à l'époque désastreuse de la révolution, la constitution de la monarchie française n'avait éprouvé que des innovations de ce dernier genre. Sous la troisième race, et surtout depuis le règne de Louis--Le Gros, l'autorité des Rois s'était accrue aux dépens de la puissance que les grands avaient usurpée sur les faibles successeurs de Charlemagne; et cet accroissement, ou pour mieux dire, ce rétablissement de la prérogative royale avait tourné à l'avantage du peuple qui, sous le règne de Philippe-le-Bel, se vit appelé aux Etats--Généraux. La sage politique de nos Rois, secondée par le caractère national, par l'esprit du christianisme qui favorisa singulièrement l'affranchissement des serfs, par les progrès du commerce et de l'industrie, vint à bout de détruire, sans secousses et sans révolution, ce qu'il y avait d'oppressif dans le gouvernement féodal; à peine en restait-il quelques vestiges, dans des *cens* ou redevances modiques qui n'étaient pour la plupart qu'un juste aveu des concessions faites par de riches propriétaires à des colons indigens. Le peuple avait profité de toutes les victoires que la couronne avait remportées sur la noblesse, depuis le ministère de l'abbé Suger, jusqu'à celui de Richelieu. Il était devenu libre, parce que les rois s'étaient rendus absolus.

Loin d'altérer la constitution d'un État, de pareils changemens l'améliorent. Les gouvernemens comme toutes les choses humaines doivent se perfectionner avec le tems; et il ne faut pas écouter ces publicistes chagrins qui, comptant pour rien la sagesse et l'expérience des générations qui nous ont précédés, croient épurer les gouvernemens, en les rappelant à la rudesse de leur première origine.

Il est permis, sans doute, de chercher avec Montesquieu les premiers élémens de notre droit public dans les forêts de la Germanie ; mais il ne faut pas, à l'exemple du comte de Boulainvilliers et de l'abbé de Mably, entreprendre de ramener dans une nation riche, instruite et civilisée, les usages et les lois barbares des Mérovingiens. Les Français du 18.e siécle ne sont pas les Francs de Clovis. Un roi, une noblesse héréditaire, des assemblées générales, voilà les premiers linéamens de notre constitution, tels qu'on les voit dans l'admirable tableau que Tacite nous a laissé des mœurs de nos ancêtres. Le tems, le progrès des lumières et de l'industrie, les changemens introduits dans les mœurs nationales ont modifié ces formes primitives ; les lois fondamentales qui en découlaient naturellement se sont établies l'une après l'autre ; notre droit public s'est développé à mesure que les circonstances demandaient de nouvelles dispositions.

L'ancienne constitution de la France, et il en est de même de tous les états de l'Europe, est un vaste édifice qui n'a été construit, ni tout entier à la fois, ni d'après un plan symétrique et régulier. Tous les âges y ont ajouté, corrigé, réparé selon leur goût et leurs besoins, et toute la suite de notre histoire démontre à l'observateur attentif que, malgré les fautes et les erreurs fréquentes du gouvernement, notre constitution, sous les rois de la troisième race, allait s'affermissant, et se perfectionnant de siècle en siècle.

On dira peut-être que, depuis le régne de Louis **XIII**, la puissance royale semblait croître d'une manière alarmante, et que la désuétude des États-Généraux ne laissait à la nation aucun moyen de revendiquer les droits que lui donnait la constitution.

Mais, d'abord il faut observer que c'est la nation elle-même qui s'est dégoûtée des États-Généraux, convaincue par une longue expérience, qu'ils étaient plus funestes qu'utiles au royaume. Dans les États de Blois, en 1588, le Tiers abandonna le droit de doléances et de remontrances aux parlemens qu'il sembla reconnaître pour des États permanens, en les appelant les *Etats au petit pied*. Ni le clergé, ni la noblesse, ni même les États de 1614 qui furent les derniers, ne révoquèrent cette concession, et depuis ce tems, les parlemens, du consentement au moins tacite de la nation, demeurèrent en possession de solliciter, de vérifier les lois, d'adresser au Roi des remontrances, et de consentir l'impôt.

J'observe, en second lieu, qu'en même tems que la puissance royale se fortifiait, la nation, de son

côté, acquérait insensiblement un moyen de surveillance et une force de répression. Je parle de
l'opinion publique qui naît du progrès des lumières,
qui est une véritable puissance, et qui suppléait en
quelque sorte aux États-Généraux. Lorsque des ministres imprudens ou passionnés osaient franchir les
barrières élevées par la constitution, l'opinion publique opposait une résistance calme que les coups
de l'autorité ne pouvaient atteindre, et qui tôt ou
tard renversait les ministres et leurs dangereuses
innovations.

Telle était en France la force du caractère national,
de l'opinion et du sentiment de l'honneur, qu'elle
eût suffi pour nous préserver du despotisme de fait,
quand nous n'aurions pas eu une constitution qui le
proscrivait de droit.

Revenons aux principes fondamentaux de l'ordre
social. Quelle que soit la forme du gouvernement,
il faut reconnaître un souverain, en qui résident
la puissance législative et la force publique. Ces
deux pouvoirs ne peuvent être divisés. La loi doit
être armée, parce qu'elle est toujours en guerre
avec les méchans. Dans les gouvernemens mixtes,
dans les républiques même, comme dans les monarchies absolues, la souveraineté est une et indivisible. Dans celles-ci, c'est la volonté d'un seul;
dans les autres, c'est la volonté de plusieurs : mais

partout c'est une volonté unique qui fait la loi, une force unique qui la protège. Toute société qui ne se reduit pas à l'unité, est une société anarchique.

Si, dans quelques gouvernemens, comme dans celui de l'Angleterre, le pouvoir législatif et le pouvoir exécutif paraissent séparés, il est aisé de voir qu'il existe un point de réunion dans la constitution britannique, le pouvoir exécutif, où le Roi fait partie essentielle du pouvoir législatif, par le droit qu'il a de consentir ou de ne pas consentir aux projets de lois proposés par le parlement. (1)

La maxime, qu'il y a despotisme toutes les fois que le pouvoir législatif et le pouvoir exécutif ne sont pas séparés, est donc encore une erreur révolutionnaire. Ce manichéisme politique qui introduit dans l'état deux principes rivaux, detruit la souveraineté en la partageant.

La souveraineté est indivisible. Mais le souverain ne pouvant tout faire par lui-même, est obligé de créer des ministres, des magistrats, des commandans qui, en son nom, et par son autorité, exercent dans l'état des pouvoirs d'administration, de juge-

---

(1) Notre constitution est plus parfaite ; si la puissance législative s'exerce collectivement par le Roi, la chambre des pairs et la chambre des députés, le Roi seul *propose* et sanctionne la loi. Art. 16 de la Charte. Les chambres n'ont que la faculté de supplier le Roi de *proposer* une loi. Art. 19. *(Note de l'Editeur.)*

mens et de contrainte. Ces pouvoirs se divisent, à mesure qu'ils s'éloignent de leur source, et, par des gradations sagement menagées, ils unissent entr'elles et avec le souverain toutes les parties du corps politique. Comme leur action sur le peuple est immédiate et continuelle, ce sont les plus puissans instrumens du bonheur ou du malheur public. Le meilleur de tous les gouvernemens serait sans contredit celui où ces pouvoirs dérivés seraient tellement fixés et circonscrits par la loi, qu'ils ne pussent jamais se permettre un acte arbitraire. Chacun de ces pouvoirs doit reconnaitre un pouvoir supérieur qui puisse reviser, casser, ou reformer ses actes; et lorsque tous les dégrés de jurisdiction sont épuisés, il reste le recours au souverain que sa grandeur défend du désir de nuire, et que son propre intérêt avertit d'être juste, parce que toute son autorité repose sur la justice.

En effet, un gouvernement n'est solide et durable, qu'autant qu'il porte sur des bases morales. La force toute seule ne suffit pas pour contenir les peuples, car la force du maître n'est que celle de ses sujets, et il n'y a que l'opinion qui puisse en assurer l'emploi et la direction. Or, cette opinion qui met la force publique sous la main du gouvernement, ne peut naître que des principes de la justice et de la religion. De la justice qui, par la prescription, consacre le titre de souverain, comme elle légitime

les droits des particuliers : de la religion qui, dans
la personne du souverain nous montre le ministre
et le lieutenant de la divinité.

Ces philosophes, qui bannissent de la politique
ce qu'ils appellent insolemment les préjugés populaires, ne voient pas qu'ils anéantissent l'autorité
pour réduire tout à la force, et que dans leur système la science du gouvernement n'est que l'art
de s'assurer des hommes, en les tenant à la chaîne.
Ils ne voient pas que ce sont ces préjugés qui tempèrent dans le souverain l'exercice du pouvoir,
qui apprennent au peuple à porter volontairement
un joug que la nécessité lui impose, qui conservent
dans la société civile tout ce que l'intérêt de la
tranquillité publique peut laisser de liberté aux individus. L'homme serait un animal indisciplinable,
s'il n'était façonné à l'obéissance par ces idées religieuses et morales qui, pour me servir d'une image
aussi juste qu'elle paraîtra triviale, sont les huiles
qui assouplissent les ressorts de la machine politique
et empêchent que les rouages ne s'arrêtent, ou ne
se brisent en éclats.

Je termine ici les réflexions générales sur la société civile et sur les gouvernemens. J'aurai plus
d'une occasion de les rappeler dans la suite, soit pour
les développer avec plus d'étendue, soit pour les
défendre contre les erreurs qui servent de principes
à la révolution française.

CHAPITRE II.

De la Liberté.

Il n'est point de sentiment plus profondément gravé dans le cœur de l'homme, que l'amour de la liberté; mais comme tous les autres sentimens naturels, l'amour de la liberté demande à être éclairé et contenu. Jusqu'où s'étend la liberté que la nature accorde à tous les hommes ? Jusqu'à quel point cette liberté naturelle peut-elle être modifiée par les institutions sociales ? La réponse à ces deux questions fixera le vrai sens du mot de liberté, qui est un de ces termes équivoques que les chefs de factions jettent au milieu du peuple, pour servir de cri de guerre et de signal à la sédition.

La liberté, dans l'acception la plus étendue, est le droit et le pouvoir de faire ce qu'on veut.

L'homme a-t-il le droit et le pouvoir de faire tout ce qu'il veut? Non : son droit est borné par la nature aussi bien que son pouvoir. Des êtres sujets à l'erreur et entraînés par des passions, ne peuvent prétendre à une liberté illimitée. Si tous avaient le droit de faire tout ce qu'ils voudraient, nul n'en aurait le pouvoir. Les volontés contraires se heurteraient sans cesse, les droits seraient toujours en opposition, et l'effet infaillible de cette lutte de tous contre tous serait l'anéantissement de tout droit et de toute liberté. La conservation du genre humain, l'intérêt même de chaque individu demandent que la liberté soit renfermée dans des bornes prescrites par une loi. La loi est donc la règle et la mesure de la liberté. Pour savoir jusqu'où s'étend la liberté de l'homme, il faut connaître les lois auxquelles il est soumis.

D'abord il existe pour tout le genre humain une loi fondée sur la nature de l'homme, et sur ses rapports, soit avec l'auteur de son être, soit avec ses semblables. Cette loi éternelle, immuable, imprescriptible, établit une différence entre le pouvoir physique et le droit, dirige l'emploi de nos facultés, et fait de l'homme un être moral. Antérieure à toute autre loi, indépendante de tout fait humain, la loi naturelle n'est autre chose que la raison de Dieu qui, conduisant tous les êtres à leur fin, par des moyens conformes à leur nature, a voulu que le bonheur et la perfection de l'homme dépendissent de l'usage qu'il ferait de sa liberté.

Cette volonté du suprême législateur, la loi naturelle, nous est intimée par la raison, par l'instinct moral et par la conscience. Par la raison qui dé-

couvre entre la nature de l'homme et certaines actions , des rapports de convenance ou de disconve-
nance non moins réels , non moins invariables
qu'entre les idées dont se forment les axiomes spéculatifs. Par l'instinct moral , ou ces sentimens
naturels , ces mouvemens indélibérés de justice,
d'humanité , de compassion, de reconnaissance qui,
dans le cœur même du méchant , ne cédent qu'à
la passion et à l'intérêt. Par la conscience qui,
après l'action , nous cite à son tribunal , nous ab-
sout , ou nous condamne , et porte dans notre ame
l'espoir ou l'épouvante, la paix ou le remords.

Une seconde loi qui , comme la première , émane
immédiatement de la divinité, fait de l'homme un
être religieux, et lui impose, en cette qualité , des
devoirs dont la raison , abandonnée à elle-même ,
n'aurait pu découvrir qu'une faible partie. Cette
loi est connue par la révélation , et quoique fondée
sur des dogmes incompréhensibles pour la raison
humaine , elle n'en est pas moins obligatoire à
l'égard de tous ceux à qui elle est annoncée , parce
que le fait de la révélation est appuyé sur des
preuves certaines , capables de persuader et de
convaincre quiconque cherche la vérité de bonne
foi, et sans craindre de la rencontrer. Le fait de
la révélation une fois constaté, ces dogmes, que
l'esprit humain ne peut concevoir , deviennent

l'objet d'une foi que la raison elle-même avoue et justifie, et à laquelle nous voyons que les hommes les plus éclairés, les plus sages, les plus vertueux ont toujours fait gloire de se soumettre.

Enfin, obéissant à la voix de la nature et du besoin, l'homme s'unit à ses semblables et devient un être social. Il se lie par des conventions; il acquiert des droits, en s'imposant des devoirs; il consent à obéir pour être protégé; il rapproche et circonscrit les bornes de la liberté que lui laissaient la nature et la religion.

Les lois que les hommes se donnent eux-mêmes forment le droit politique, le droit civil et le droit des gens, en ce qu'il ajoute au droit naturel. Le droit politique a pour objet les rapports de ceux qui gouvernent, avec ceux qui sont gouvernés : le droit civil, les rapports qu'ont entre eux les membres d'un même état : le droit des gens, les rapports de nation à nation.

Dans la déclaration des droits de l'homme et du citoyen, rédigée par l'assemblée constituante, il est dit, art. IV, que la liberté consiste à pouvoir faire tout ce qui ne nuit pas à autrui. Ainsi, continue-t-on, « l'exercice des droits naturels de » chaque homme n'a de bornes que celles qui as- » surent aux autres membres de la société la jouis- » sance de ces mêmes droits. Ces bornes ne peuvent » être déterminées que par la loi. »

Cette définition de la liberté est vicieuse, en ce qu'elle ne renferme pas et que, par là même, elle exclut les devoirs que nous prescrivent la loi naturelle et la religion, soit envers Dieu, soit envers nous-mêmes, soit envers les autres. Dans l'explication qui la suit, on applique à la liberté naturelle ce qui ne convient qu'à la liberté civile; on transporte à la loi civile toute seule la force d'obliger, qui appartient encore plus à la loi divine, et qui n'appartient même à la loi civile, que parce qu'elle l'emprunte de la loi divine. *Zaleucus*, *Carondas*, tous les législateurs de l'antiquité plaçaient à la tête de leur code la reconnaissance d'un Dieu protecteur de l'ordre social : nos législateurs métaphysiciens déposent le germe de l'athéisme dans le préambule de leur constitution.

L'homme n'a jamais été sans lois. Avant qu'il existât des sociétés politiques, il était sous les lois de la nature et de la religion. Ces lois ne sont pas son ouvrage, il a le pouvoir physique, mais non le pouvoir moral, ou le droit de les enfreindre : il ne peut s'y soustraire, sans se dépraver et se rendre malheureux.

Dans l'état de société, après les lois immuables de la nature et de la religion, les droits et les devoirs du citoyen sont fixés par la loi de son pays. C'est elle qui lui donne un père, en scellant le contrat qui unit les auteurs de ses jours : elle qui protège son enfance, qui conserve et défend son patrimoine. Il croit, il s'instruit, il se forme à l'abri de la loi ; et parvenu à l'âge des devoirs, il se voit obligé à la soumission, au double titre de la justice et de la reconnaissance.

Cependant, sous l'empire de cette triple loi, l'homme demeure libre. Car il peut faire tout ce qui n'est défendu ni par la raison, ni par la loi civile, et c'est en cela que consiste la liberté : elle s'étend, elle s'affermit par les lois qui la restreignent. « Si un citoyen pouvait faire ce que la loi défend, » dit l'auteur de l'Esprit des lois, il n'aurait plus » de liberté, parce que les autres auraient tout de » même ce pouvoir. » C'est pour être libres, disait Cicéron, que nous sommes esclaves des lois. *Legum denique idcircò omnes sumus servi, ut liberi esse possimus.*

Les lois de la nature et de la religion défendent notre liberté contre nos propres passions ; les lois civiles la protègent contre les passions des autres. L'affranchissement de toute loi n'est donc pas la liberté, c'est la licence, et où règne la licence, la liberté n'est plus. Il est fâcheux, disait un sénateur parlant du vertueux, mais faible Nerva, de vivre sous un prince qui ne laisse à personne la liberté de faire ce qu'il veut ; mais il l'est bien davantage de vivre sous celui qui laisse à tous la liberté de tout faire.

Dans l'esprit du sage, l'idée de la liberté se joint toujours à celle de la soumission; mais dans l'esprit du vulgaire, ce nom ne réveille jamais que les idées de l'indépendance et de l'impunité. C'est un mot de ralliement pour tous ceux qui portent impatiemment le joug des lois; et dans une nation, où les mœurs et les opinions sont également corrompues, toutes les classes de la société, celles même à qui l'ordre public assure des avantages distingués, renferment une foule de mécontens qui se laissent prendre à cet appât usé, les uns par ignorance, par imbécillité, par séduction; les autres par ambition, et dans la coupable espérance de partager les débris de l'autorité légitime.

C'était donc de la part des prétendus législateurs de la France, un attentat manifeste contre l'ordre public, que de se proclamer les restaurateurs de la liberté. Dès-lors, il était évident, et la suite n'a que trop prouvé que cette liberté dont ils flattaient la multitude n'était que la subversion de toutes les lois, et de toutes les autorités. S'ils n'eussent voulu qu'assurer la liberté légitime, et la défendre des atteintes du pouvoir arbitraire, il n'eut pas été besoin d'invoquer la populace pour une réforme que le Roi se montrait plus jaloux d'accorder, que la nation ne paraissait empressée de l'obtenir. Les vœux et les justes doléances de la nation étaient consignés dans les cahiers des trois ordres. En leur imprimant le sceau de la loi, le Roi eut affermi la liberté publique, sans ébranler l'autorité souveraine, et la France eut été sauvée par les seuls principes de sa constitution.

Mais ce n'est ni le salut de la patrie, ni la réforme des abus que veulent un Catilina, un Jean de Leyde, un Mazanielle, un Mirabeau. Le cri de la liberté, dans leur bouche, est un appel à la révolte, et la révolte un moyen d'établir leur propre domination. *Ut imperium evertant, libertatem præferunt: si everterint ipsam aggredientur.* (1)

Revenons aux vraies notions de la liberté; et pour ne pas tomber dans les erreurs qui naissent de l'abus des termes, distinguons trois sortes de liberté: la liberté naturelle, la liberté civile, et la liberté politique.

J'appelle liberté naturelle, le droit de faire tout ce qui n'est défendu ni par la raison, ni par la religion.

Liberté civile, le droit de faire tout ce qui n'est pas interdit par les lois de l'Etat.

Liberté politique, le droit de concourir à la formation de la loi civile, soit immédiatement par

____

(1) Tacite,

voie de suffrage, soit médiatement par la nomination des législateurs.

Or, il est évident que la liberté naturelle ne peut subsister avec l'état de société, puisque les sociétés civiles n'ont été instituées que pour prévenir et réprimer les désordres qu'entraînerait l'abus infaillible de la liberté naturelle. Il semble d'abord, qu'en sortant de l'état de nature pour passer dans l'état de société, on a perdu quelque chose de sa liberté : mais pour peu que l'on réfléchisse, on voit que chaque individu gagne plus à la limitation de la liberté des autres, qu'il ne perd par la diminution de la sienne. La liberté naturelle est un droit de commune sur un vaste désert : la liberté civile est la jouissance paisible et exclusive d'un champ cultivé et enclos.

Il est également certain que tout citoyen a droit à la liberté civile, c'est-à-dire qu'il ne doit être soumis à d'autres lois qu'à celles qui sont établies et reconnues dans la société dont il est membre. Dans toute société constituée, il ne peut exister d'autre autorité que celle de la loi : tout usage arbitraire du pouvoir, est un acte illégal : le souverain lui-même est soumis à des lois et à des formes dont la violation emporte nullité.

Si dans des cas extraordinaires, le bien public demande que le souverain se mette au-dessus des formes reçues, cette interruption d'une loi particulière est justifiée par la loi générale qui lui confie tout le pouvoir nécessaire pour le salut de l'Etat. C'est ainsi que, sans blesser la liberté civile, le Sénat de Rome ordonnait aux consuls de veiller à ce que la république n'essuyât aucun dommage, *ne quid detrimenti respublica caperet*, et qu'en Angleterre le Parlement suspend la loi *d'habeas corpus*, qui néanmoins, dans la constitution britannique, est le plus ferme rempart de la liberté civile. Je dirais la même chose de nos Lettres de Cachet, si les ministres de Louis XV ne les avaient pas scandaleusement prodiguées, et souvent pour des intérêts bien étrangers à ceux de l'Etat.

J'observerai encore qu'il faut distinguer la liberté personnelle ou individuelle, de la liberté civile (1). Un coupable ou un accusé, que l'on emprisonne en observant toutes les formes juridiques, perd sa liberté personnelle, et non sa liberté civile. C'est ce qu'on a voulu exprimer, en gravant le mot *liberté* sur la porte des prisons d'une république d'Italie.

Puisqu'il ne peut y avoir de difficulté, rela-

---

(1) La liberté individuelle est garantie. Personne ne peut être poursuivi ni arrêté que dans les cas prévus par la loi, et dans la forme qu'elle prescrit. Art. 4 de la Charte. (*Note de l'éditeur.*)

tivement à la liberté naturelle et à la liberté civile, la question se réduit à savoir si, par un droit naturel à l'homme, et en vertu du pacte social, tout citoyen, sous un gouvernement légitime, peut prétendre à la liberté politique.

Tout le système de la révolution française porte sur ce principe, emprunté du Contrat social de Rousseau, que la liberté politique, telle que je l'ai définie, est pour tous les hommes un droit naturel, inaliénable, imprescriptible ; qu'il n'est point de milieu entre la condition d'esclave et l'état de citoyen ; et que l'on ne peut se dire citoyen, si l'on n'est pas membre du souverain, et si l'on n'a pas en cette qualité, une part active à la législation. C'est en conséquence de ce principe, qu'il est dit dans la déclaration des droits , article VI, « que la loi est l'expression de la volonté générale, » et que tous les citoyens ont droit de concourir » personnellement, ou par leurs réprésentans à » sa formation. »

Pour sentir l'exagération et la fausseté de cette doctrine, il suffit de considérer l'extrême différence qui se trouve entre l'esclave qui n'a ni propriété, ni volonté, et le sujet qui, n'obéissant qu'aux lois, conserve sous leur autorité la faculté de disposer de ses actions et de ses biens. Il est vrai que la liberté de celui-ci est limitée par une volonté étrangère ; mais c'est par une volonté publique ; générale, invariable, qui ne gêne la liberté du sujet en quelques points, que pour assurer à l'époux, au père de famille, au propriétaire, au mercénaire même, l'usage paisible de tous leurs droits naturels et civils ; par une volonté conforme, non-seulement à l'intérêt public, mais encore à l'intérêt particulier bien entendu ; par une volonté que tous les hommes vertueux et amis de l'ordre s'empressent de ratifier, et qui, dès-lors, n'est plus à leur égard une volonté étrangère.

C'est une question parmi les publicistes, de savoir si le droit d'esclavage est contraire à la nature. Peut-être ne faudrait-il, pour se trouver d'accord, que distinguer le droit en lui-même, de l'abus inhumain qu'en ont fait dans tous les tems l'ambition, la volupté et la cupidité. Du moins, il me semble difficile de ne pas convenir que dans certaines circonstances, un homme, c'est-à-dire son travail, peut devenir la propriété d'un autre homme, ou par son propre choix pour assurer sa subsistance, ou en punition de quelque crime. On ne niera pas non plus qu'il ne soit au pouvoir d'un citoyen de renoncer en tout, ou en partie, aux droits que lui donne la liberté civile, pour se réduire à l'état de domesticité. Pourquoi donc prétendrait-on qu'il est contraire à la nature de renoncer à la liberté politique, en conservant la liberté civile dans toute son étendue? Dans tous les états qui ont une constitution, la loi civile laisse un champ assez vaste à l'exercice de nos facultés. Parce qu'on n'est pas législateur, il ne faut pas se croire esclave; entre ces deux extrêmes, il existe un intervalle immense.

Mais qu'est-il besoin de raisonner contre un principe que la démocratie est forcée d'abjurer? Si la liberté politique est un droit naturel, inaliénable, imprescriptible, pourquoi les femmes n'en jouissent-elles pas? La nature aurait-elle condamné à l'esclavage et déshérité la moitié de l'espèce humaine? Pourquoi même dans la constitution française, ce droit est-il refusé à tous ceux qui ne payent pas à l'Etat une contribution équivalente au salaire d'un certain nombre de journées de travail (1)? Des législateurs qui se vantent de rétablir l'égalité naturelle, devaient-ils aggraver le malheur de l'indigence, en la dépouillant d'un droit que la nature, selon eux, accorde à tous les hommes?

La liberté ne consiste pas à pouvoir agir par caprice et sans raison. Or ce que la raison prescrirait à l'homme sage et maître de ses passions,

---

(1) Pour être électeur, il faut payer une contribution de 3oo fr. au moins, et avoir 3o ans. Art. 4o de la Charte. (*Note de l'éditeur.*)

la loi, qui est la raison écrite , le prescrit à tous.
Pour le méchant, pour l'insensé , la loi est une
chaîne accablante : pour l'homme raisonnable et
vertueux , c'est une lisière qui le guide et le soutient. Il ne se croit jamais plus libre, que lorsqu'il
obéit à la loi, parce qu'alors il ne donne rien aux
passions. La liberté civile suffit à ses besoins et à
ses désirs, parce que la loi ne lui interdi^t que ce
qu'il s'interdirait lui même.

Si la liberté politique est le vœu de quelques
ambitieux qui se croient nés pour commander, la
plus nombreuse partie du genre humain consent à
se laisser gouverner, et ne demande que des maîtres
justes. *Pauci libertatem, pars magna justos dominos
volunt* (1). La liberté civile remplit l'objet que les
hommes ont dû se proposer en s'unissant en société,
et l'expérience des tems anciens et modernes prouve
que les états les plus heureux , et par conséquent
les mieux constitués , sont ceux où le peuple jouit
de la liberté civile, sans prétendre à la liberté politique.

Quel est, en effet, le but des sociétés politiques ,
sinon de garantir à tous la sûreté, la propriété et
l'exercice légitime des facultés naturelles ? Les
sociétés n'ont pas été instituées pour qu'il existât

______

(1) Salluste.

une autorité, une force publique, une constitution. Ce sont là les moyens, mais non la fin et le but de l'ordre social. Il est nécessaire que tous soient protégés ; mais il ne l'est pas que tous gouvernent, et celui qui obéit n'a point à se plaindre de la société, s'il obtient sûreté pour sa personne et pour ses biens. Or il est certain, non-seulement que l'on peut atteindre le but de l'association civile, sans que tous les membres de la société partagent le pouvoir législatif, mais, qu'en général, la tranquillité publique n'est jamais plus assurée, que dans les états où la multitude ne sait qu'obéir.

Tout ce qu'il y a jamais eu de gouvernemens sur la terre, les républiques même qui portaient jusqu'au fanatisme l'amour de la liberté, concentraient le pouvoir législatif et soumettaient la multitude au petit nombre. Athènes, Sparte, Syracuse, Rome, Carthage, comptaient sur leur territoire infiniment plus d'esclaves que de citoyens. Dans le dénombrement fait à Athènes, sous Démétrius de Phalère, il se trouva au rapport d'Athénée, 21000 citoyens, 10000 étrangers et 400000 esclaves. La disproportion était encore plus grande à Rome, où tous les métiers étaient exercés par des esclaves, et où il nétait pas rare de voir des particuliers qui en avaient cinq à six cents à leur service. Ces anciens gouvernemens, lors même qu'ils prenaient le nom de démocraties, n'étaient dans le fait, que des aristo-craties oppressives, où la liberté civile du grand nombre était immolée à la liberté politique, c'est-à-dire au luxe et à la tyrannie de ce petit nombre qui s'appelait le peuple.

Dans nos monarchies modernes, tant calomniées par les philosophes, la dignité de l'homme est plus respectée. On n'y connaît point l'odieuse distinction de citoyens et d'esclaves; tous y jouissent de la liberté civile, et si la liberté politique en est exclue, ce désavantage apparent tourne au profit du bonheur public et de la véritable liberté. La Grèce, au jugement de Polybe, était plus heureuse et plus florissante sous l'empire des Romains, qu'elle ne l'avait été lorsqu'elle se gouvernait elle-même. Tite-Live remarque que les villes sujettes à Eumène, roi de Pergame, n'auraient pas voulu changer de condition avec celles d'aucune république.

Le seul gouvernement, où la liberté politique puisse avoir lieu dans toute son étendue, c'est la démocratie pure, qui admet tous les habitans d'un pays à partager également l'autorité souveraine et le droit de législation. Mais ce gouvernement, le plus parfait, le seul légitime dans les principes de Rousseau, de l'aveu de Rousseau lui-même, ne convient pas à des hommes, et répugne à l'ordre naturel. « A prendre le terme dans la rigueur de l'ac-

» ception, il n'a jamais existé de véritable démo-
» cratie, et il n'en existera jamais; il est contre l'ordre
» naturel que le grand nombre gouverne et que le
» petit soit gouverné..... S'il y avait un peuple
» de Dieux, il se gouvernerait démocratiquement.
» Un gouvernement si parfait ne convient pas à
» des hommes. (1) »

En effet, l'histoire ne nous offre aucun exemple d'une démocratie pure. Dans la constitution d'Athènes, quoique le peuple ne fût déjà qu'un corps choisi et privilégié, son pouvoir était néanmoins balancé par l'autorité de l'Aréopage. Des institutions semblables tempéraient la démocratie dans les autres républiques de la Grèce. Mais tel est le vice essentiel d'un gouvernement, où la multitude exerce le pouvoir suprême, que toutes ces républiques ne dûrent leur éclat passager qu'aux troubles et aux convulsions dont elles furent sans cesse agitées. Après la guerre du Péloponèse qui donna l'empire de la mer aux Lacédémoniens, ce peuple, non moins ennemi de la licence, qu'ami de la liberté, détruisit dans toute la Grèce la démocratie qui, par-tout où elle était établie, n'enfantait que divisions au dedans et guerres au dehors. Lycurgue avait connu tous les inconvéniens du gouvernement

____

(1) Contrat social.

populaire. Quelqu'un lui proposant de l'introduire à Sparte, afin, disait-il, que le plus petit y eût autant d'autorité que le plus grand. « Mais, toi-même, » répondit Lycurgue, va l'établir premièrement » dans ta maison, et nous donne l'exemple » (1).

Il serait inutile ici de distinguer avec Rousseau le *gouvernement* et le *souverain*, et de prétendre que tout citoyen doit partager la souveraineté et le pouvoir législatif, quoique l'exécution des lois ou le gouvernement ne puisse être confié qu'à un petit nombre. Nous examinerons dans la suite ce grand principe de la souveraineté du peuple ; en attendant, nous observerons qu'il ne prouve rien en faveur de la liberté politique considérée comme un droit naturel.

Un droit qui découle de la nature de l'homme appartient à tous les individus de l'espèce humaine, et ne peut souffrir aucune exception. Par conséquent, dans les principes de l'auteur du *Contrat Social*, il ne suffit pas de donner à tous les citoyens une part dans la souveraineté et dans la législation, il faudrait encore que tous les habitans de la Cité fussent citoyens, et que l'on n'y connut point d'Ilotes (2) comme à Sparte, ni de Prolétaires (3)

______

(1) Plutarque.

(2) Hommes employés uniquement à la culture des terres.

(3) Citoyens qui par la modicité de leurs fortunes étaient exclus de toute charge publique.

et de ceux qu'on nommait à Rome *capite censi*, parce qu'on les dénombrait par têtes comme le bétail. Il n'eut pas fallu que, sur cinq classes d'habitans que renfermaient les murs de Genève, deux seulement, ainsi que nous l'apprend Rousseau, eussent composé la république, avant les changemens opérés par l'introduction du système français.

Si, pour justifier cette distinction de citoyens et de sujets admise dans les gouvernemens les plus populaires, et commandée par la nature des choses, on allègue les conventions primordiales, alors on abandonne le principe, et l'on reconnait formellement que la liberté politique n'est point un droit inaliénable et imprescritible. Dans la vérité, ce qu'on nomme le peuple, c'est-à-dire la masse des nations, par-tout condamnée au travail et à l'ignorance, est essentiellement incapable de prendre part à l'administration politique. Les publicistes démagogues ne l'ignorent pas. Ils n'appellent la populace au gouvernement, que parce qu'ils se tiennent assurés de la gouverner. C'est un enfant qu'ils placent sur le trône, dans l'espoir de s'en faire nommer les tuteurs. Ils ne proposent la démocratie que pour se créer une aristocratie exclusive. Si comme Rousseau lui-même le dit en termes exprès, il est contre l'ordre naturel que le grand nombre gouverne, le droit de faire des lois n'appartient pas à la multitude.

Aussi voyons-nous que toutes les formes de gou-

vernement s'accordent à le lui refuser. Sous la démocratie, ce droit est demeuré à une partie du
peuple; sous l'aristocratie, à un sénat; sous la monarchie absolue, à un Roi. Par-tout on a transigé et
sacrifié quelque chose de la liberté politique, pour
obtenir la liberté civile qui intéresse tous les
hommes dans tout les instans de la vie. Par-tout
encore, si les lois sont sages et l'état bien administré, la liberté civile, la tranquillité générale, le
bonheur domestique sont plus ou moins assurés,
selon que l'exercice de la liberté politique est plus
ou moins resserré.

Cependant, on peut dire dans un sens véritable,
que la loi est l'expression de la volonté générale,
même dans les gouvernemens où les citoyens ne
concourent à sa formation, ni par leur suffrage
personnel, ni par des élections périodiques de représentans législateurs. En effet, si l'on se reporte
à la naissance de la société, et à l'institution du
gouvernement, on verra que le prince, le sénat,
ou l'assemblée qui est investie du pouvoir législatif,
ne jouit de ce droit qu'en vertu d'un contrat
solennel attesté par l'histoire, ou légitimement pré-
sumé, entre les chefs de la nation, et la nation représentée par les ancêtres de ceux qui vivent
aujourd'hui ; contrat, dont les droits et les charges
ont passé à la génération actuelle, en sorte que,
par sa soumission au gouvernement établi, elle est

censée reconnaître sa propre volonté dans la volonté du souverain.

Entre ces principes qui assurent la stablité des gouvernemens, et la doctrine du sophiste de Genève qui les tient dans une agitation continuelle, il y a ceci de commun que les lois se font, non par le peuple lui-même, mais par ceux qui le représentent; et la différence qui s'y trouve, c'est que, selon nous, la nation, par un traité irrévocable, s'est donné un représentant inamovible dans la personne du souverain, au lieu que, selon Rousseau, la nation peut, toutes les fois qu'elle s'en avise, se créer de nouveaux représentans. Or, sans examiner encore laquelle de ces deux opinions est plus conforme à la saine politique et à l'intérêt des peuples, je me contente d'observer qu'elles se réunissent l'une et l'autre pour enlever au peuple toute influence immédiate dans la législation, et ne lui laisser d'autre partage que d'obéir à une volonté étrangère.

Et voilà où se réduit enfin cette liberté politique fondée sur un droit naturel, inaliénable, imprescriptible! le peuple n'en fait usage que pour l'abdiquer.

Dès qu'il est prouvé que l'on peut jouir d'une véritable liberté, sans être membre du souverain, il importe peu d'examiner si, pour mériter la dénomination de *citoyen*, il est nécessaire, comme le prétend Rousseau, de concourir activement à la législation de son pays. Ce n'est, au fond, qu'une question de mot. Dans la langue des Grecs et des Romains, qui n'avaient pas l'idée de la monarchie, ainsi que l'observe très-bien Montesquieu, parce qu'ils ne la distinguaient pas du despotisme, le nom de citoyen était reservé aux républiques (1). Dans notre usage, il s'applique aux monarchies, pour désigner non-seulement les vertus civiles, mais encore des droits politiques qui n'appartiennent ni au voyageur, ni à l'étranger domicilié, mais non naturalisé, ni à ceux qu'une sentence en dernier ressort a retranchés du corps de la société. Rousseau se moque avec quelque raison d'un écrivain qui, dans une réponse au *citoyen* de Genève, s'intitulait *citoyen* de Toulouse. Nos villes n'étaient pas des cités proprement dites: elle faisaient partie de la cité qui comprenait la France toute entière. Les

---

(1) Ils employaient le terme *servi* pour désigner les sujets d'un roi. L'auteur du contrat social a abusé de cette expression pour confondre l'esclavage avec la soumission à un roi. Grotius après Aristote a dit qu'il y a des peuples qui aiment mieux être gonvernés que de se gouverner eux-mêmes ; et il cite notamment les Capadociens à qui les Romains offraient la liberté politique, et qui préférèrent continuer de vivre sous un roi, prétendant qu'ils ne seraient pas heureux en se gouvernant eux-mêmes, et parce qu'il se sert des mots: *ad servitutem aptos*, J. J. prétend qu'Aristote prenait l'effet pour la cause. Sa remarque pourrait couvenir à l'esclavage, mais elle ne convient point à l'état de la question. Les sujets ne sont point des esclaves ; et de la soumission à un roi légitime ; à l'état de servitude, la distance est immense.

Parisiens étaient bourgeois et non citoyens de Paris. Mais tout Français pouvait se dire citoyen de la France. Car tout Etat constitué forme une cité ; et tout membre de la cité est citoyen. Ce sont les Français républicains qui n'ont pas compris la signification du titre de citoyens, puisqu'ils le donnent aux femmes, et à la classe indigente du peuple qu'ils ont exclue de leurs assemblées politiques.

Concluons, en reconnaissant que la vraie liberté consiste dans la soumission aux lois, que les souverains en sont les gardiens et les défenseurs, et qu'elle disparaît du moment que le peuple ose se croire au-dessus des lois et du souverain. Le desir effréné de la liberté conduit toujours à la servitude : *Avidè ruendo ad libertatem, in servitutem delapsos. (Tite-Live.)*

CHAPITRE III.

De l'Egalité.

Vers la fin du 14.ᵉ siècle, un certain Jean Ball, disciple de Wiclef, souleva en Angleterre les paysans contre le clergé, la noblesse et les magistrats. Il prêchait l'égalité, et prenait pour le texte de ses déclamations séditieuses le proverbe anglais : *quand Adam béchait et qu'Eve filait, où étaient les nobles?* Avec la même doctrine, les Anabaptistes, au seizième siècle, embrasèrent une partie de l'Allemagne. Du tems de Cromwel, le fanatisme de l'égalité enfanta la secte des *Levellers* ou des Niveleurs. Tels ont été les préludes, et comme les premiers essais de la révolution française.

Selon le premier article de la déclaration des droits de l'homme et du citoyen, « les hommes » naissent et demeurent égaux en droits; les dis- » tinctions sociales ne peuvent être fondées que » sur l'utilité commune. » Et dans l'art. 6. « La loi » doit être la même pour tous, soit qu'elle protége, » soit qu'elle punisse. Tous les citoyens étant égaux » à ses yeux, sont également admissibles à toutes » dignités, places et emplois publics, selon leur

» capacité, et sans autre distinction que celle de
» leurs vertus et de leurs talens. »

Est-ce de l'homme vivant en société, est-ce de
l'homme considéré dans l'état de nature qu'ont
voulu parler les rédacteurs de la déclaration ,
lorsqu'ils ont dit que les hommes naissent et
demeurent égaux en droit? Ou plutôt, n'ont-ils
pas affecté cette expression vague et indéterminée,
si indigne, je ne dis pas d'une assemblée de législateurs, mais d'un philosophe, afin de laisser à la
populace, dont ils voulaient faire l'instrument de
la révolution, le droit de donner à cette maxime
équivoque toute l'étendue que demandaient leurs
projets destructeurs? Pour nous qui, ne cherchant
que le vrai, avons besoin de mettre de l'ordre et
de la précision dans nos idées, nous distinguerons,
comme nous avons fait en parlant de la liberté, l'é-
galité naturelle, l'égalité civile et l'égalité politique.

L'égalité naturelle suppose que tous les hommes,
dans l'état de nature, auraient et pourraient exercer
les mêmes droits.

L'égalité civile demande que tous les membres
d'un même état soient également soumis à la loi
commune.

L'égalité politique consiste en ce que tous les
membres de l'état aient un droit égal à l'administration de la chose publique, sans autres distinction que celle des vertus et des talens.

Or je dis premièrement, que si l'égalité naturelle existe dans le droit, elle ne peut subsister dans le fait.

Secondement, que l'égalité politique n'est pas compatible avec l'ordre social, sur-tout dans un grand empire.

Troisièmement, que l'égalité civile est la seule que le citoyen soit en droit de réclamer.

L'état de nature est essentiellement un état de liberté et d'égalité; et c'est parce que le genre humain ne saurait se conserver avec cette liberté et cette égalité parfaite, que l'état de nature a fait place à l'état social.

Dans l'état de nature l'égalité existe de droit, mais tout concourt à la détruire. Car, si d'un côté, tous les hommes sont égaux, en ce sens, qu'ils ont une même nature, une même origine, une même fin; d'un autre côté il sont extrêmement inégaux en force, en lumières, en vertu; et l'on voit assez que l'égalité métaphysique qui résulte de l'identité de nature, ne tardera pas à disparaître devant l'inégalité réelle que produit nécessairement la différence des qualités physiques, intellectuelles et morales. « Il n'y a dans la nature, dit un » écrivain non suspect aux amis de la révolution, » qu'une égalité de droit, et jamais une égalité de » fait. Les sauvages même ne sont pas égaux dès » qu'ils sont rassemblés en hordes: ils ne le sont

» que lorsqu'ils errent dans les bois, et alors même,
» celui qui se laisse prendre sa chasse, n'est pas
» l'égal de celui qui l'emporte » (1).

Comme l'état de nature n'admet ni loi positive,
ni juge commun, les droits s'y mesurent par les
besoins et par les facultés. Des besoins plus nombreux,
des facultés plus parfaites, donnent des droits plus
étendus. J'avoue que la supériorité des forces du
corps et des qualités de l'esprit ne constitue pas
le droit de commander; mais elle établit un empire de fait, et prépare l'empire de droit, en faisant
sentir au plus faible qu'il est de son intérêt de se
soumettre. Parmi des être libres, dont les passions
se croisent et se heurtent sans cesse, l'inégalité
physique ne produirait que violence et oppression,
si elle ne se convertissait en inégalité morale et
conventionnelle. De là, l'institution des sociétés
politiques, formées par l'abandon volontaire que
chacun a fait d'une partie de ses droits naturels
pour s'assurer la jouissance paisible de ce qu'il
s'en réservait.

Mais, avant que des familles et des peuplades
se fussent unies sous un gouvernement commun,
il existait des conventions expresses ou tacites qui
fixaient les droits de chacun, non selon le principe

---

(1) Raynal, histoire politique et philosophique des deux Indes, liv. 18.

d'une égalité que démentait la nature, mais d'après l'ascendant que donnent nécessairement la force et le génie, lorsque leur action n'est pas reprimée par l'autorité des lois.

J'ai dit que, dans l'état de nature, l'égalité existait de droit; mais je n'ai pas voulu dire qu'il y eut égalité de droits entre tous les individus. Dans l'état de nature même, et antérieurement à toute con— vention, il existe une véritable société, la société domestique, laquelle ne peut se maintenir que par la diversité et l'inégalité des droits. C'est la nature elle-même qui soumet la femme à l'homme, les enfans aux parens, l'imprudence de la jeunesse à l'expérience des vieillards. Tous les hommes naissent dans l'état de dépendance. L'obéissance est le besoin encore plus que le devoir du premier âge. Les familles, comme les sociétés politiques, supposent essentiellement autorité et soumission.

En deux mots, l'état de nature n'admet pas l'égalité de fait, et il n'admet l'égalité de droit qu'entre les chefs des différentes familles. L'égalité de droit a lieu aussi entre les souverains, ou les chefs des différentes nations, parce qu'ils sont entr'eux dans l'état de nature. Mais il est absurde d'en faire la base de la société civile qui réunit tout un peuple, comme une seule famille, sous l'autorité paternelle du souverain.

Les sociétés politiques n'ont été instituées que

pour corriger et amortir cette prodigieuse inégalité qui résulte de la différence des qualités personnelles. Dans l'état de nature, les hommes isolés et abandonnés à leurs propres forces, avaient des droits sans les moyens de les faire valoir. Dans l'état de société, les droits de chacun sont assurés par la garantie de tous. L'établissement des lois et des gouvernemens a fait disparaître, en quelque sorte, l'inégalité naturelle, en introduisant l'inégalité politique, moins fâcheuse, plus favorable à la liberté de tous, et tendant à établir, parmi des êtres si inégaux, toute l'égalité dont ils sont susceptibles.

Je veux parler de l'égalité civile, laquelle s'établit et se maintient par l'inégalité politique.

En tout ce qui se rapporte à la sûreté personnelle, au droit de propriété, à l'usage innocent et légitime des facultés naturelles, tous les membres de la société sont égaux en droits. Ils ne le sont pas en ce qui se rapporte à l'organisation et au gouvernement de la société. Ils sont égaux dans l'ordre civile, inégaux dans l'ordre politique. Une protection égale pour toutes les personnes et pour toutes les propriétés, voilà le droit qui, dans un état constitué, appartient à tout citoyen. Ce droit en vertu du pacte social est soutenu par la force publique, et sous ce rapport, l'homme le plus faible devient l'égal du plus fort.

Telle est l'égalité civile fondée sur l'universalité et l'impartialité de la loi qui assure à tous un droit égal, à ce qu'ils tiennent ou de la nature, ou de leurs ancêtres, ou de leur industrie ; c'est-à-dire un droit égal à des biens inégaux.

L'état de société ne demande rien de plus, à moins que, détruisant tout principe de justice, et toute idée de propriété, pour atteindre à l'égalité absolue, on ne veuille introduire la communauté des biens ; mais ce système que l'on a vu se réaliser dans des corporations peu nombreuses, dont les membres soutenus par une vertu surnaturelle, renonçaient à toutes les affections humaines, il serait insensé de vouloir les transporter dans la société politique, où l'intérêt commun naît du choc et de la combinaison de tous les intérêts particuliers où l'on ne parviendrait à l'établir que par la violence et le brigandage ; où les passions, l'industrie, la fortune tendraient continuellement à la renverser.

L'inégalité des conditions est une suite de l'iné-galité des propriétés, et l'inégalité des propriétés dérive de la justice naturelle. Car chacun acquiert en raison de ses forces, de ses talens et de son application. Le travail, l'industrie, le bonheur sont des sources et des titres de propriété que reconnaît le droit naturel, et que le droit civil protége de toute la force publique.

Non-seulement, la loi donne et garantit à tout citoyen la faculté d'acquérir et de conserver : elle veut encore que le droit de propriété puisse

s'exercer après la mort du propriétaire. De là le droit
de tester, plus ou moins restreint par les lois ;
de là le droit d'hérédité admis chez toutes les nations policées, quoiqu'il tende visiblement à
augmenter de plus en plus l'inégalité des fortunes et
des conditions.

L'inégalité des fortunes et des conditions fournit
à la société des hommes préparés par leurs besoins,
par leur éducation, par leurs sentimens à remplir
tous les emplois, à se charger de tous les travaux
que demande le service public. Tandis que le
citoyen né dans l'aisance, ou avec des qualités
qui suppléent la fortune, se dispose, par de longues
études, aux fonctions honorables, mais pénibles, de
de l'administration religieuse, civile ou militaire,
un petit nombre est appelé par le goût naturel, ou
par le talent, à la culture des sciences et des
beaux-arts ; et la foule des hommes nés sans
patrimoine, trouve un moyen de subsister dans
des travaux faciles, mais obscurs et souvent pé-
rilleux, auxquels personne ne se livrerait, s'il n'y
était condamné par la nécessité. Cette inégalité,
sans laquelle la Société ne pourrait se maintenir,
n'est pas une institution sociale: elle prend sa source
dans la nature, ou, pour parler un langage plus ré-
ligieux et plus philosophique, dans l'ordre établi par
la providence divine. Elle est née avec la liberté,
elle est l'inévitable effet de la force et de la faiblesse,

de la vertu et du vice, de l'intelligence et de la stupidité, du travail et de la paresse.

La soumission égale de tous, à des lois générales et communes à tous, constitue l'égalité civile. L'indépendance de toute volonté particulière constitue la liberté civile. La liberté civile et l'égalité civile sont inséparables. Par la première, le citoyen n'obéit qu'à la loi ; par la seconde, la loi étend son empire sur tous les citoyens. C'est en ce sens qu'il est vrai de dire , « que la loi doit être la même pour tous, soit » qu'elle protége, soit qu'elle punisse, et que tous les » citoyens sont égaux à ses yeux. » (1)

Mais s'ensuit-il de là que « tous les citoyens soient » également admissibles à toutes dignités, places et » emplois publics, selon leur capacité et sans autre » distinction que celle de leurs vertus et de leurs » talens ? »

Rien de plus spécieux que cette maxime de la déclaration des droits. Mais autant elle paraît propre à servir de règle dans l'administration d'une république idéale, autant elle est fausse et dangereuse, lorsqu'on l'applique aux gouvernemens et aux hommes tels qu'ils sont.

D'abord, à la prendre dans le sens exclusif qu'elle présente, elle est fausse ou du moins in-

---

(1) Les Français sont égaux devant la loi, quelques soient d'ailleurs leurs titres et leurs rangs. (Art. 1er de la Charte.)　　(*Note de l'éditeur.*)

complétement vraie, si l'on peut s'exprimer ainsi. La saine raison et le bien général d'un Etat veulent que les charges et emplois ne soient confiés qu'à ceux qui, tout-à-la-fois, les méritent et y conviennent le mieux. Mais ce mérite, cette convenance, ne se composent pas seulement des vertus et des talens. On doit y faire entrer d'autres considérations prises de l'âge, des services rendus à la patrie, de la naissance même. C'est Pascal, je crois, qui a dit qu'un grand nom était trente ans de gagnés pour la vertu, par la considération dont il l'investit, et par l'empire qu'il lui donne. On sait bien que la noblesse n'est qu'un préjugé; mais c'est un de ces préjugés qui ont leur racine dans la nature de l'homme, puisqu'on le trouve établi, sous une forme ou sous une autre, chez tous les peuples civilisés. C'est un préjugé utile, parce qu'il offre à l'Etat un moyen d'acheter les plus grands services, avec la moindre dépense possible.

Un autre défaut essentiel de cette maxime, c'est qu'elle est énoncée d'une manière trop vague, et propre à induire en erreur la multitude ignorante, qui prend trop facilement l'esprit pour le talent, et aux yeux de qui un civisme exalté ou simulé, tient souvent lieu de vertu. Sous un Gouvernement populaire, dans le système de l'égalité, ce serait à la populace qu'il appartiendrait de juger des vertus et des talens. Mais il ne faut avoir aucune connaissance des hommes, il faut ignorer tout ce qui s'est passé dans les assemblées primaires et électorales de France, pour ne pas voir que tous les choix seraient décidés par la cabale, par la corruption, ou par la crainte. Ne reconnaître d'autres principes dans la distribution des emplois publics que cette préférence présomptivement fondée sur les talens et sur les vertus, c'est ressembler à ces sauvages dont parle Montaigne, qui, admis à l'audience de Charles IX à peine adolescent, ne pouvaient concevoir pourquoi l'on n'avait pas mis la couronne sur la tête de l'un de ces beaux et vigoureux Suisses qui composaient sa garde.

Sans doute, il serait à désirer que les emplois publics ne fussent jamais confiés qu'aux hommes les plus éclairés et les plus vertueux. C'est le but auquel doivent tendre tous les Gouvernemens ; mais, comme les lumières et la probité ne se montrent pas par des caractères auxquels on ne puisse se méprendre, la paix et la stabilité de l'ordre social demandent que dans les nominations aux places, on défère à certains avantages extérieurs qui, sans être de sûrs garans du talent et de la vertu, en sont du moins les indices ordinaires.

La justice ne défend pas, et la politique exige

que, dans les Etats monarchiques, la noblesse soit un titre de préférence pour certains emplois , lorsqu'elle se trouve jointe aux talens et à la vertu. Tout ce qu'on peut, ce qu'on doit exiger de ce Gouvernement, c'est que le défaut de naissance ne soit pas un titre d'exclusion, que l'homme obscur qui s'est anobli lui-même, un Fabert, un Jean Bart, un Chevert, un Amyot, un D'Ossat, un Massillon partagent avec la noblesse le droit de servir et d'illustrer leur pays. Or, dit un ancien écrivain cité par le président Hénaut, « la consti-» tution du royaume de France est si excellente, » qu'elle n'a jamais exclu et n'excluera jamais les » citoyens nés dans les plus bas étages des dignités » les plus relevées. » (1)

On a vu dans le chapitre précédent que la liberté politique n'est pas essentielle à un état constitué. Je vais prouver que l'égalité politique est incompatible avec une sage constitution.

J'admets avec l'assemblée constituante que « les « distinctions sociales ne peuvent être fondées « que sur l'utilité commune »; mais je soutiens que l'utilité commune demande qu'il y ait des distinctions sociales permanentes, et même héréditaires.

Prémièrement , l'assemblée constituante elle-

---

(1) Ils sont tous admissibles aux emplois civils et militaires. Art. 3 de la Charte. (*Note de l'éditeur.*)

même rendait hommage à cette vérité, puisqu'elle avait déclaré que la France était une monarchie héréditaire. Il n'est pas dans l'ordre social de distinction plus marquée , que celle qui appelle à la couronne une famille à l'exclusion de toutes les autres. Les philosophes du jour déclameront contre une prérogative qui ferme l'accès au trône au mérite pour le livrer au hazard de la naissance. Mais le sage , qui s'est formé à l'école de l'Histoire, n'ignore pas que les monarchies héréditaires ont joui plus constamment de la paix intérieure , et se sont mieux défendues contre les ennemis du dehors , que les monarchies électives. Il sait que la monarchie héréditaire est plus favorable à la liberté des peuples, parce qu'elle est moins favorable à la puissance des grands. Il voit que tous les Etats seraient déchirés par les révoltes et les séditions, si le peuple ne reconnaissait pas son souverain à un signe caractéristique et frappant ; et qu'il n'en est point de plus certain et de plus éclatant que celui de la naissance.

« Ce n'est pas pour l'intérêt de la famille régnante » que le droit de succession est établi , mais parce » qu'il est de l'intérêt de l'Etat qu'il y ait une famille » régnante.» (1) Sous la première race de nos Rois,

-----

(1) Montesquieu.

le royaume se partageait entre les frères. Il semble qu'alors l'héridité était établie en faveur de la famille régnante : c'était l'enfance de notre droit public.

Voilà donc la première de toutes les distinctions sociales qui est héréditaire, en même tems qu'elle est fondée sur l'utilité commune.

Secondement, la société n'a pu se former, et ne peut se maintenir que par l'autorité et la subordination. Il existe donc pour les uns un droit de commander, et pour les autres un devoir d'obéir : première source d'une inégalité politique.

Je dis un droit de commander, et un devoir d'obéir, mais un droit et un devoir permanens. Si tous les chefs, tous les magistrats d'une nation sont destituables au gré de ceux qui les ont nommés, je ne vois ni un droit, ni un devoir proprement dits. De pareils chefs n'auront qu'une autorité peu respectée ; trop faible contre la licence, s'ils l'ont reçue du peuple ; trop faible contre la tyrannie, s'ils la tiennent du monarque.

Ce n'est pas que, dans une république, le peuple ne puisse fixer un terme à l'autorité de quelques-uns de ses magistrats. Il le doit même, s'il veut conserver sa liberté. Mais toute république qui n'admettrait pas un pouvoir quelconque perpétuel, comme celui des Rois à Sparte et du Doge à Venise,

ou de l'Aréopage et du Sénat à Athènes et à Rome ,
dégénérerait tôt ou tard en *Ochlocratie*, espèce de
gouvernement ou, pour mieux dire, d'anarchie ,
où toutes les affaires se traitent tumultuairement
et par sédition.

On peut m'objecter les cantons démocratiques
de la Suisse , où les magistratures et les conseils
n'étaient ni perpetuels , ni attachés à un certain
ordre de personnes. Je n'examine pas si , dans ces
petites républiques, la tranquillité, et la liberté
politique elle-même n'eussent pas gagné à l'établissement d'un pouvoir inamovible. Je me borne à
observer que le vice de la constitution était corrigé par leur propre faiblesse et par l'union avec
les autres membres du corps helvétique.

Une des choses qui distinguent la monarchie du
despotisme, c'est que, dans celui-ci, tous les officiers
de l'Etat sont immédiatement sous la main du souverain , et que l'on n'y connait point de charges ,
mais seulement des commissions ; au lieu que , dans
la monarchie , bien que le souverain soit la source
de tous les pouvoirs , il en est qu'il ne peut ni exercer
par lui-même , ni retirer ou suspendre arbitrairement ; et ce qui résulte de cette différence , c'est
que l'inégalité politique est moindre sous le despotisme ; mais aussi l'inégalité civile y est extrême.

En général , l'égalité politique ne peut se conserver

qu'aux dépens de l'égalité civile. Car l'égalité civile demande que le gouvernement ait la force nécessaire pour faire respecter la loi; et l'égalité politique divise et affaiblit l'action du gouvernement. Cela est sensible pour les Etats républicains. A l'égard des Etats despotiques, on ne saurait dire qu'il y ait un véritable Gouvernement. Le despote se reproduit dans les agens qu'il emploie, et qui sont tous aussi bien que lui des fléaux pour la liberté civile. L'égalité politique, qui est l'un des principes essentiels du despotisme, borne la durée de leur pouvoir à un temps incertain, ordinairement assez court; la restreint à leur personne, à l'exclusiou de leur famille, et les invite à profiter du moment, pour s'enrichir à force d'injustices et de vexations.

Troisièmement, dans tous les Etats policés, les citoyens sont partagés en diverses classes qui ont des fonctions et des prérogatives particulières : autre source d'inégalité entre les membres d'une même société.

Si l'on voulait remonter à la première origine de cette hiérarchie politique, il serait facile de la trouver dans la différence des forces, des talens, des propriétés, dans l'action progressive des institutions sociales, dans des conventions dictées par le besoin ou par la reconnaissance. Mais, quel qu'en ait été le titre primordial, une fois établies par la loi , ou affermies par le tems , ces distinctions de classes et les privilèges qui en découlent sont des propriétés , d'autant plus sacrées , qu'elles sont liées à l'ordre public , et qu'on ne peut les attaquer , sans ébranler les fondemens de la Constitution.

Dans un Etat ordonné , les prérogatives des premiers rangs défendent et garantissent les droits des classes inférieures. Un coup frappé sur les premiers ordres menace tous les citoyens. Le principe sacré de la propriété une fois entamé, on ne peut plus dire où s'arrêtera le brigandage. Le décret qui supprimait en France la noblesse héréditaire, préparait à la bourgeoisie les réquisitions forcées d'argent , de denrées et de soldats.

La différence des rangs forme dans l'Etat une sorte de magistrature naturelle et indépendante de l'autorité , dont elle rend l'exercice plus aisé pour le souverain, et plus doux pour les sujets. Toutes les conditions reçoivent des conditions supérieures l'exemple de l'obéissance : toutes apprennent à tempérer la rigueur du commandement à l'égard des conditions inférieures. Delà naissent ces habitudes de respect et de protection , de considération et de bienveillance , ces égards mutuels , cette politesse qui lie tous les états, qui forme les mœurs sociales, développe le sentiment de l'honneur, et commande le respect pour l'opinion publique.

L'inégalité politique ne blesse point l'égalité civile , si les classes les plus favorisées ne peuvent
jamais s'élever au dessus de la loi , si les privilèges
et les distinctions n'intéressent pas la sûreté des
personnes et des propriétés , qui doit être la même
pour tous les citoyens.

Un Tribun du peuple romain , dont le discours
est rapporté par Denis d'Halicarnasse , distinguait
très-bien l'égalité civile de l'égalité politique. « Nous
» ne prétendons pas , disait-il aux Patriciens , vous
» enlever les charges , les préséances et les dis-
» tinctions que vous devez à la vertu de vos an-
» cêtres ou à la fortune ; mais nous regardons
» comme un droit commun à tout citoyen de ne
» pas souffrir les injures et de tirer une juste satis-
» faction de ceux qui nous ont offensés. »

Les lois barbares de nos aïeux qui rachetaient
tous les crimes par une composition pécuniaire , et
qui mettaient à un plus haut prix la vie d'un franc
ou d'un noble, que celle d'un romain ou d'un rotu-
rier, péchaient évidemment contre l'égalité civile.
Il n'en est pas de même des lois modernes qui , pro-
nonçant la peine de mort contre tous les coupables de
certains crimes, décernaient des supplices différens,
selon la différence des conditions. Le vice de cette
inégalité peu important au fonds , est compensé
par l'avantage qui résulte pour l'Etat de la conservation d'un préjugé utile.

L'égalité politique ne peut avoir lieu que dans la démocratie pure, où chaque individu fait partie du souverain, et sous le despotisme rigoureux, où tous, hors le maître, sont esclaves.

Dans les Gouvernemens modérés, l'ordre et la liberté se conservent par la gradation des pouvoirs et des conditions. Les ordres intermédiaires comblent l'intervalle qui sépare le peuple du souverain; ils tempèrent la force du gouvernement, en empêchant qu'elle ne tombe de toute sa hauteur sur le peuple; ils répriment ou modèrent les mouvemens séditieux auxquels le peuple toujours inquiet, mécontent et crédule s'emporte, ou se laisse entraîner si facilement. Ce sont des ancres qui retiennent le vaisseau de l'Etat entre deux écueils également redoutables, le despotisme et l'anarchie. S'ils tombent sous les coups du gouvernement, le prince devient despote; si c'est le peuple qui les anéantit, l'Etat est dissous. Dans ce dernier cas, l'inégalité naturelle reprend la place de l'inégalité politique; car la nature est encore plus forte que le peuple.

Dans nulle autre constitution, peut-être, ces pouvoirs intermédiaires n'étaient plus sagement ménagés que dans la monarchie Française. Les trois grands objets de toute association politique, la Religion et les mœurs, la défense de l'Etat, le travail et l'industrie indiquaient le partage naturel des trois ordres. Le clergé aspirait à la confiance et à la considération par la vertu et par les lumières; la noblesse était payée de son sang par l'honneur et par des distinctions qui ne coûtaient rien à l'Etat. La carrière des arts, du commerce et des richesses était ouverte au Tiers-Etat.

Le plus faible de ces ordres, le Clergé jouissait du premier rang: c'était un hommage rendu à la Religion; et la saine politique demandait que cette prérogative fut laissée à celui des trois ordres qui pouvait le moins en abuser, et qui prenait ses membres dans les deux autres. Le Clergé avait conservé le droit de s'imposer lui-même. Loin d'être jaloux de ce privilège, les deux autres ordres devaient y voir un reste précieux de l'ancien droit de la nation, lequel rappellait sans cesse à nos rois l'origine et la destination des subsides.

Les nobles étaient personnellement exempts de certains impôts; mais leurs biens y étaient soumis. Ils payaient par les mains de leurs fermiers. Le Clergé avait racheté la Capitation, et il remplaçait le ving-tième par le don gratuit. Toutes les impositions indi-rectes tombaient sur le Clergé et sur la Noblesse, comme sur le Tiers-Etat. L'inégalité dont on se plaignait avec raison dans la répartition des charges publiques, naissait bien moins des privilèges de la No-blesse et du Clergé, que de l'abus du crédit et des ri-chesses.

Les trois ordres ne formaient pas des castes séparées. Des actions éclatantes, le service militaire, la magistrature, trop souvent la richesse ouvraient au Tiers-Etat l'entrée à la noblesse. Cette espèce d'adoption réparait les pertes d'un ordre voué à une profession meurtrière, et nourrissait dans les autres classes une ambition utile à la patrie.

Les grandes places de l'Eglise étaient, pour l'ordinaire, réservées aux anciennes races, parce qu'il importait d'honorer l'une par l'autre la noblesse et la religion, et qu'il était juste d'accorder quelque préférence à la postérité des fondateurs. Mais la plus grande partie des membres du Clergé était prise dans les familles plébéiennes; les biens de l'Eglise se répandaient sur toutes les classes de la société, et l'on pouvait alors dire avec vérité, qu'ils étaient une propriété nationale, puisque par l'institution, et même à parler en général, par le fait, ils étaient le prix de l'étude et de la bonne conduite, et qu'entre les mains des titulaires ils devenaient une ressource abondante pour l'Etat et pour les indigens.

La magistrature, sans être un ordre dans l'Etat, formait une classe distinguée, dont les fonctions ne se bornaient pas à rendre la justice. Un antique usage, consacré par l'acquiescement tacite de la nation, donnait aux Cours souveraines le droit de représenter, en quelque sorte, les États-Généraux. La considération dont jouissait ces illustres compagnies, leur donnait une influence politique, et sur le gouvernement dont elles prévenaient ou réprimaient les entreprises, et sur le peuple qu'elles contenaient dans les bornes de la soumission. La vénalité des charges qui, au premier coup-d'œil, semble un abus révoltant, n'empêchait pas que la plupart des places de judicature ne fussent remplies par des hommes intègres et éclairés ; et on lui devait peut-être cet attachement héréditaire aux anciennes maximes, et cet esprit de corps qui faisait la principale force de la magistrature.

Ainsi, dans notre ancienne constitution, les divers ordres de l'Etat, animés chacun d'un esprit particulier, concouraient au bien général. Ainsi, les privilèges des deux premiers ordres, et les droits politiques dont les parlemens étaient en possession, formaient une barrière contre le despotisme, et l'égalité civile se trouvait affermie par l'inégalité politique.

Des esprits étroits n'envisageaient cette inégalité que comme une source intarissable de jalousies et de débats, soit entre les citoyens, soit avec le souverain. Ils ne voyaient que les vices des hommes, sans apercevoir la sagesse des institutions. Ils ne comprenaient pas que c'est par la rivalité, et l'opposition d'intérêts entre les différens ordres de l'Etat, que se soutient la liberté publique. Une harmonie parfaite, une égalité absolue entre tous les citoyens seraient infailliblement l'effet et la preuve d'une oppression générale, car il serait insensé de l'attendre de la vertu.

D'autres réformateurs ont prétendu que l'esprit de corps nuisait à l'esprit public, et que, pour attacher également tous les citoyens à la patrie, il fallait éteindre ces sociétés particulières, ces corporations, qui partageaient les affections que la société générale a seule droit de révendiquer.

C'était bien peu connaître la nature humaine en général, et la nation française en particulier, que de proposer à vingt-huit millions d'hommes, pour unique objet de leur culte et de toutes leurs affections, cette idée métaphysique qu'on appelle la patrie. Lycurgue avait opéré ce prodige dans une ville petite, pauvre et vertueuse. Mais dans un vaste empire, dans nos tems modernes, avec nos mœurs, nos arts, notre commerce et nos vices, la plupart des hommes tiennent plus à leur famille et à la petite société, dans laquelle ils ont un rang marqué, et un intérêt sensible et immédiat, qu'à la société générale, dans l'immensité de laquelle ils sont comme perdus. L'art du législateur consiste, non à étouffer les sentimens que la nature nous inspire pour tout ce qui nous approche, mais à les diriger vers un but commun, en sorte que personne ne puisse aimer sa famille, sa profession, sa ville, sa province, sans aimer l'Etat, et que la prospérité publique devienne l'effet infaillible, quoique souvent inaperçu, de tout ce que font entreprendre les affections particulières.

Il est impossible d'évaluer tous les avantages que procurait à la France cette multitude de corps ecclésiastiques et civils, dont la gloire et l'intérêt allumaient dans les ames une émulation qu'un intérêt plus général, et dès-lors plus faible, n'aurait pas excitée. Ces admirables institutions ne sont plus. Le niveau révolutionnaire a tout applani. Il ne reste dans toute la France que deux classes, ceux qui gouvernent et ceux qui sont gouvernés.

Enfin, une dernière source d'inégalité qui tient à la nature de tout gouvernement, c'est la propriété.

Dans toutes les constitutions, même dans les démocraties, on n'a jamais souffert que les prolétaires, ou ceux qui ne possédaient rien, prissent part à l'administration de la chose publique. Une loi de Solon excluait de toute magistrature les citoyens qui ne recueillaient pas au moins deux cents mesures de blé, d'huile, ou de vin. Le Roi Servius, tout populaire qu'il était, enleva au bas peuple toute influence marquée dans les affaires. Il distribua le peuple Romain , selon la gradation des propriétés, en 192 centuries , dont chacune avait un suffrage dans l'assemblée des Comices. Mais il rejeta la foule de ceux qui ne possédaient rien dans la dernière centurie, qui trouvait toujours la décision formée avant d'être admise à voter. Il était encore établi chez les Romains que pour être soldat , il fallait avoir des foyers à défendre. Ce ne fut, dit Montesquieu , d'après Aristote , que dans la corruption de quelques démocraties, que les artisans parvinrent à être citoyens.

La démocratie , dit encore Aristote, se change en tyrannie , par-tout où les pauvres ont trop d'influence dans les délibérations publiques. En parlant de Carthage, il prédit que cette république , alors si florissante , périrait par l'accroissement naturel des prétentions et du pouvoir que la constitution accordait au peuple. Au tems de la seconde guerre punique , environ cent ans après Aristote , Polybe observe que Carthage penchait vers sa ruine , et il attribue sa décadence à l'autorité que le peuple avait usurpée.

Il est vrai que , si la constitution des empires devait se traiter comme un problème d'arithmétique, rien ne serait plus déraisonnable que de soumettre le grand nombre au petit. C'est à l'aide de ce sophisme grossier, et en oubliant que l'Etat se compose des hommes et des propriétés, c'est en appliquant à un Empire formé depuis treize à quatorze siècles des notions empruntées de l'état de nature, que le métaphisicien S..... n'a pas eu de peine à démontrer qu'en France le Tiers-Etat constituait la nation.

D'après cette manière de raisonner, ce ne serait pas aux Bourgeois propriétaires, qui seuls composaient le Tiers-Etat, ce serait à la populace, à la classe innombrable des Prolétaires, qui nulle part ne forme un ordre politique, qu'il faudrait transporter le nom et les droits de la nation.

Telle fut, en effet, la conséquence que tirèrent les Jacobins du principe que leur avaient fourni les Constitutionnaires. C'est de l'école de S..... qu'est sorti Marat.

L'excès des conséquences suffirait seul pour démontrer la fausseté du principe ; mais la faveur que toutes les législations accordent aux propriétés, n'a d'ailleurs rien que de conforme à la raison et à la justice naturelle.

1°. L'administration politique suppose des sentimens et des lumières qui, pour l'ordinaire, sont le fruit d'une éducation à laquelle les classes indigentes ne peuvent atteindre.

2°. L'Etat ne peut prendre confiance en ceux qui n'ont pas d'intérêt à sa conservation. L'homme qui

ne possède rien n'a point de patrie, et il est difficile qu'il s'affectionne et s'intéresse pour un gouvernement qui le tient dans un état d'humiliation
et de besoin.

5°. Si la propriété dans ceux qui administrent
n'est pas toujours un garant de leur probité, elle
est du moins un gage de responsabilité.

4°. Il est juste que tout citoyen jouisse des avantages de la société, en raison de la mise qu'il y ap-
porte. Or, le propriétaire donne plus à la société
que celui qui n'a rien. Il est juste que celui-là ait
le droit de protéger qui a quelque chose à défendre.
Les Propriétaires n'ont pas moins intérêt que les
Prolétaires aux lois conservatrices de la sûreté individuelle, et par conséquent ceux-ci peuvent se
reposer sur les premiers du soin de leur vie et de
leur liberté. Mais à l'égard des propriétés, les uns
ont droit et intérêt de conserver, les autres intérêt
et désir d'envahir. Comment établir l'équilibre et
la paix parmi des intérêts si opposés, à moins que
l'avantage du nombre et de la force naturelle ne soit
contrebalancé par des avantages politiques?

« Il y a toujours dans un Etat, dit l'auteur de
» l'*Esprit des Lois*, des gens distingués par la nais-
» sance, les richesses ou les honneurs. Mais s'ils
» étaient confondus parmi le peuple, et s'ils n'y
» avaient qu'une voix comme les autres, la liberté

» commune serait leur esclavage , et ils n'auraient
» aucun intérêt à la défendre , parce que la plupart
» des résolutions seraient contre eux. La part qu'ils
» ont à la législation doit donc être proportionnée
» aux autres avantages qu'ils ont dans l'Etat , ce
» qui arrivera , s'ils forment un corps qui ait droit
» d'arrêter les entreprises du peuple , comme le
» peuple a droit d'arrêter les leurs. » Ainsi , dans
notre constitution , lorsque les trois ordres étaient
assemblés en Etats-Généraux , un des trois n'était
pas lié par le vœu des deux autres.

Du mépris de ces maximes , consacrées par la
conduite de tous les législateurs et par le suffrage
de tous les publicites, sont nés tous les malheurs de
la France.

Suivons la marche de la Révolution à ses différentes époques : nous y verrons le développement
progressif des principes anarchiques de la liberté
et de l'égalité. Une faction composée de philosophes,
de beaux-esprits, de francs-maçons, de praticiens
et de courtisans , méditait, depuis long-tems, la subversion de la religion et de la monarchie. Le désordre des finances , la faiblesse trop bien connue
du gouvernement, l'audacieuse impéritie du mi-
mistre Brienne , les fautes des parlemens , l'imprudente convocation des Etats-Généraux, les vues
perfides et l'hypocrite popularité de Necker avaient

amené le moment où la faction pouvait éclater.
Les conjurés surent profiter de l'inquiétude et de
l'agitation des esprits; ils soulevèrent le peuple par
le cri de la liberté, et, pour semer la division entre
les ordres de l'Etat, ils présentèrent la chimère de
l'égalité à ceux qui, jouissant au sein de l'abondance
des douceurs d'une vie paisible, se croyaient humiliés
par les prérogatives des conditions supérieures, et
ne voyaient pas qu'un nivellement universel les
éleverait moins qu'il ne les déprimerait. Le Tiers-
Etat se prévalut de l'accroissement de ses richesses,
pour s'attribuer une plus grande prépondérance
dans la Constitution, et cet accroissement de richesses était la preuve la plus sensible de la sagesse
de notre Constitution et de sa conformité avec le
véritable intérêt du Tiers-Etat.

Voilà le commencement, et comme le premier
acte de la Révolution. Bientôt, réclamant à son tour
l'égalité, le petit peuple déconcerte l'ambition des
factieux et la sotte vanité des Bourgeois, écrase
tout par sa masse, et fait une guerre ouverte aux
Propriétaires. Il s'arme contre eux de leurs maximes
et de leurs exemples. Car si l'on a pu, en vertu de
l'égalité, dépouiller le Clergé et la Noblesse du rang
et des privilèges dont ils étaient en possession dès
l'origine de la monarchie; si, au mépris des titres
les plus authentiques et de la prescription la plus

légitime , il a été permis de leur enlever leur patrimoine , pourquoi le peuple ne reviendrait-il pas
contre le partage inégal des propriétés ? Les biens
des familles appartiennent-ils moins à la nation que
ceux du Clergé ? Et qu'est-ce qui compose la nation,
sinon cette classe nombreuse , si long-tems dévouée
au travail et à l'indigence , qui enfin rentre dans
ses droits naturels , en mettant l'égalité à la place
des institutions tyranniques de la société ?

Ainsi raisonnerait la populace , si pour justifier
ses excès, la populace avait besoin d'invoquer
un autre droit que celui du plus fort. Et cependant ,
victimes de leurs principes immoraux , ces lâches
et avides propriétaires , qui se partageaient en idée
les riches dépouilles de la Noblesse et du Clergé ,
ont tout perdu, jusqu'au droit de se plaindre. Tel
est le second acte de la Révolution.

Dans cette sanglante tragédie , le trouble et l'hor-
reur vont toujours croissant. Après avoir fait justice
des premiers ravisseurs , le peuple se punit de ses
propres mains. Ces richesses qu'il avait envahies,
il ne sait ni les conserver , ni les distribuer , ni les
administrer : elles deviennent la proie de ses agitateurs, le prix de l'audace et du crime, l'instrument
de la tyrannie. Un petit nombre de scélérats , plus
habiles que les autres , se sont partagés les terres ,
les châteaux, l'or, les effets précieux , et n'ont laiss

au peuple qu'un vil papier empreint du sceau de la révolte et du sacrilège. Les vraies sources de la richesse, l'industrie, le travail, le commerce ont disparu, il n'est resté que le remords, la misère et des dissentions interminables.

C'est ainsi que la Providence se justifie et que, dans les désordres des révolutions populaires, on voit éclater l'ordre immuable de la justice éternelle. La paix, la prospérité, la gloire, sont pour les nations le prix des vertus civiles et morales ; la discorde, la misère, l'opprobre marchent à la suite de la révolte, de la licence et de l'immoralité.

Pour renfermer en peu de mots le résultat de tout ce que j'ai dit dans ce chapitre, j'emprunterai les paroles d'un écrivain que l'on peut appeler le précurseur de la Révolution. « La chimère de l'égalité » est la plus dangereuse de toutes dans une société » policée. Prêcher ce systême au peuple, ce n'est » pas lui rappeler ses droits, c'est l'inviter au » meurtre et au pillage : c'est déchaîner des animaux » domestiques, et les changer en bêtes féroces. » (*Raynal. Liv. 18.*)

CHAPITRE IV.

De la Souveraineté du Peuple.

Le principe de la souveraineté du Peuple, long-tems enseveli dans les écrits obscurs de Buchanan, de Milton et de Jurieu, a pris de l'éclat sous la plume éloquente de Rousseau. C'est dans le *Contrat social* que nos démagogues ont puisé ce dogme fondamental de la science révolutionnaire. Combien eut frémi le philosophe de Genève, à la seule pensée des épouvantables conséquences de son systême politique! lui qui dit, quelque part, qu'une révolution serait trop achetée, si elle coûtait une seule goutte de sang. Mais, quelque jugement que l'on porte sur son caractère et sur ses intentions, la postérité ne prononcera jamais son nom, sans l'associer aux crimes d'une révolution, dont il est en quelque sorte le législateur, et sa mémoire demeurera éternellement flétrie par le décret qui l'a condamné à partager avec Marat les honneurs du Panthéon.

Suivant l'auteur du Contrat social, il faut distinguer le *Souverain* d'avec le *Gouvernement*. Le Souverain, c'est la volonté générale, c'est-à-dire le Peuple, de qui émane essentiellement tout pouvoir, et qui ne pouvant se lier irrévocablement , est toujours en droit d'abroger les lois anciennes , et d'en instituer de nouvelles. Le Gouvernement n'est que le ministre et le délégué du Souverain. Le Peuple se réserve la puissance législative , laquelle appartient à la volonté générale ; mais il ne peut exercer par lui-même la puissance exécutive , parce que cette puissance ne consiste qu'en des actes particuliers, qui ne pouvant être l'objet de la volonté générale , ne sont pas du ressort de la loi , ni par conséquent de celui du Souverain, dont tous les actes ne peuvent être que des lois. En conséquence, le Peuple établit par une loi toujours révocable à sa volonté , un ou plusieurs magistrats , sous le nom de Roi , ou de Sénateurs , auxquels il confie l'exécution des lois et le maintien de la liberté tant civile que politique. Tout Gouvernement légitime est républicain , en ce sens qu'il est toujours guidé par la volonté générale. La royauté n'est qu'une commission , un emploi que le Souverain, ou le Peuple peut limiter , modifier et reprendre quand il lui plaît. Les assemblées du Peuple doivent toujours s'ouvrir par deux propositions qu'on ne puisse jamais supprimer , et qui passent séparément par les suffrages : la première , s'il plaît au Peuple de conserver la présente forme de Gouvernement; la seconde s'il plaît au Peuple d'en laisser l'administration à ceux qui en sont actuellement chargés.

(89)

On voit par cette analyse du Contrat social,
que tout le systême de Rousseau porte sur le principe de la souveraineté du Peuple, aussi bien que
le système de la Révolution française. Mais, ce
principe fondamental, Rousseau le suppose toujours,
sans se mettre jamais en état de le prouver. (1) Il
ne dit pas même ce qu'il entend par le peuple,
et comme ce mot est susceptible de plusieurs signi-
fications très-différentes, le Contrat social, écrit
avec une apparence de méthode propre à séduire
un lecteur superficiel, ne présente au lecteur attentif que des assertions dénuées de preuve, souvent

____

(1) Les défenseurs de la souveraineté du peuple prétendent que le mot
Souverain n'a point encore été bien défini, et cependant ils se gardent
d'en donner la définition. *Souverain* vient du mot latin *suprà*, au-dessus;
et il signifie étymologiquement supérieur aux autres. Une multitude,
qui n'a point de chef, n'est pas souveraine, et n'a point de souverain ; tous
les hommes y sont égaux et indépendans. Lorsqu'elle se constitue un
chef, elle se donne un souverain, et lui confie un pouvoir qu'elle n'avait
pas ; ou plutôt, elle crée pour lui un pouvoir qui n'existait pas encore.
Si ce chef n'était que le mandataire du peuple, il ne serait pas souverain.
La souveraineté et le mandat emportent contradiction. Il est vrai que
J. J. appelle souverain le corps politique ou l'état entier, lorsqu'il est
actif. Mais il va contre l'étymologie et le vrai sens du mot *souverain*, et
contre toutes les idées qu'on y a toujours attachées; ou plutôt il suppose un Etat où le peuple se conserverait toute l'autorité, et l'exercerait
par lui-même; dans ce cas il serait souverain : mais, suivant Rousseau
même, un pareil Etat ne conviendrait pas à des hommes, et n'a jamais
existé.   *(Note de l'Editeur.)*

contradictoires , et presque toujours fondées sur une équivoque.

Que faut-il entendre par le *Peuple* ? Est-ce une multitude vivant sans chefs, sans lois, sans conventions, tels qu'on suppose les hommes dans l'état de nature ? En ce sens, le peuple est indépendant, mais il n'est pas souverain, car la souveraineté n'existe et ne se conçoit, que du moment qu'il existe un Etat et un Gouvernement. « Imaginer dans un tel peuple
» une souveraineté qui est déjà une espèce de Gou-
» vernement, c'est, dit Bossuet, mettre un Gouver-
» nement avant tout Gouvernement. Loin que le
» peuple en cet Etat soit souverain, il n'y a pas
» même de peuple......... S'il plaît d'appeler sou-
» veraineté cette liberté indocile qu'on fait céder
» à la loi et aux magistrats, on le peut ; mais c'est
» tout confondre. C'est confondre l'indépendance
» de chaque homme dans l'anarchie avec la sou-
» veraineté ; c'est là , au contraire, ce qui la dé-
» truit. Où tout est indépendant , il n'y a rien de
» souverain : car le souverain domine de droit,
» et ici, le droit de dominer n'est pas encore. On
» ne domine que sur celui qui est dépendant ;
» or, nul homme n'est supposé tel en cet état, et
» chacun y est indépendant , non-seulement de
» tout autre , mais encore de la multitude, puisque
» la multitude elle-même , jusqu'à ce qu'elle se ré-

» duise à faire un peuple réglé, n'a d'autre droit
» que celui de la force. » (1)

Le mot *Peuple* est-il employé pour désigner une
nation civilisée sous des chefs, et avec un gouvernement reconnu ? Dans cette acception politique, il comprend la nation toute entière, et non
pas seulement cette partie de la nation, à laquelle
nous donnons improprement le nom de peuple,
parce qu'elle forme la classe la plus nombreuse du
peuple, ou de la société. Dans l'ancienne Rome,
le peuple de Rome n'était pas le Peuple Romain,
et parmi nous le Tiers-Etat n'était pas la Nation
Française.

Mais, dans la langue de la Révolution, la multitude, le peuple, la nation, sont la même chose.
C'est à la faveur d'une équivoque, et par un abus visible des mots, que l'on a transporté à une partie la
dénomination et les droits du tout, et que s'est opérée
en France l'entière dissolution de la société, car
la société n'existe que par les rapports que la constitution établit entre les divers membres de l'Etat.
Un peuple n'est un peuple, qu'autant qu'il a une
constitution politique, et si cette constitution reconnaît un roi et des ordres distincts, le roi et

____

(1) 5.e Avertiss. aux protest.

ces ordres, avec toutes leurs pérogatives, sont dans la Nation des parties essentielles et principales.

Lorsqu'à la naissance de la Révolution, le Tiers-Etat, comptant pour rien les deux ordres que la Constitution avait placés au-dessus de lui, osait se proclamer la Nation, il instruisait la populace à se dire le Peuple. Mais, déjà la double représentation accordée au Tiers dans l'assemblée des Etats-Généraux, la réunion des trois ordres en une seule chambre, les suffrages comptés par têtes avaient détruit la Constitution, et, la Constitution détruite, il n'existait plus de Nation Française.

Si l'on suppose qu'une nation toute entière, dans une assemblée légitime, où tous les ordres de l'Etat conservent le rang et l'influence que leur donne la constitution, s'accorde, de concert avec le souverain, à réformer son gouvernement, cette nation use d'un droit qu'on ne peut lui contester. Mais, à parler proprement, ce droit n'est pas la souveraineté, car l'idée de souveraineté emporte l'idée de sujétion, et le même peuple ne peut être, sous le même rapport, sujet et souverain. Un peuple ne peut être dit souverain, que relativement à un autre peuple auquel il donnerait la loi. Ainsi Virgile appelle le Peuple romain, le Peuple Roi, *populum latè regem* : ainsi le Peuple Français pourrait se dire le Peuple souverain à l'égard de ces fantômes de républiques, qu'il n'a créées en Hollande, en Italie, en Suisse, que pour les tenir constamment sous sa dépendance.

En quel sens les philosophes révolutionnaires ont-ils donc prétendu que la souveraineté réside dans le peuple? C'est d'abord parce que dans l'institution des gouvernemens toute l'autorité émane de la multitude. En second lieu, parce qu'après l'institution d'un gouvernement, la multitude conserve toujours le droit de l'abolir, et d'en créer un nouveau. Le peuple, ou le grand nombre, est donc souverain, en ce sens que l'autorité vient de lui, et que dans son exercice, elle est toujours, et nécesairement soumise à sa volonté. (1)

____

(1) La souveraineté peut appartenir au peuple, ou parce qu'elle est un droit naturel, ou parce qu'elle est de l'essence du Contrat social, ou parce qu'elle forme une des clauses de ce contrat.

Elle n'est point un droit naturel, parce que dans ce cas, elle serait inhérente à la qualité d'*homme*. Dans l'état de nature, les hommes naissent libres et égaux, et par conséquent indépendans, mais non pas souverains; l'homme est essentiellement sociable, et dans la société il perd sa liberté naturelle et son indépendance, pour ne conserver que sa liberté et son égalité civiles. La liberté et l'égalité politiques naissent du pacte social, et n'appartiennent qu'à l'homme en société; ils ne sont donc pas des droits naturels, imprescriptibles, inaliénables. S'il en était ainsi, ils appartiendraient à tous les hommes en général, même aux étrangers, même aux femmes, même aux enfans en âge de raison; ce qui serait absurde.

Telle est, comme on vient de le voir, la conséquence que Rousseau tire de ses principes et de
ses définitions. Tel est évidemment le sens du
troisième article de la déclaration des droits de
l'homme : « Le principe de toute souveraineté réside
» essentiellement dans la Nation : nul corps, nul
» individu ne peut exercer d'autorité qui n'en émane
» expressément. » Que l'on rapproche cet article de
ceux où il est parlé de la liberté et de l'égalité,
on verra clairement qu'ici la Nation n'est autre
chose que la multitude.

Examinons cette doctrine, voyons si le droit
qu'elle attribue à la multitude est fondé sur la
nature du Pacte social, et si les peuples ont quelque
intérêt à la réclamer.

En remontant à l'époque de la création d'une
société, nous trouvons, comme on l'a vu dans le
premier chapitre de cet ouvrage, non un peuple
ou une nation, mais une troupe confuse d'hommes
indépendans qui, fatigués d'un état, où tout le
monde est maître, et où personne ne l'est, aspirent

Cependant il n'y a point de milieu, ou la nature a attribué la souveraineté
à tous les hommes, ou elle ne l'a attribué à aucun, et alors cette prétendue
souveraineté ne peut résulter que du pacte social. Il est hors de doute
qu'elle peut former une clause de ce contrat, mais est-elle de son essence,
et ne peut-il y avoir de constitution, sans que le peuple soit souverain?
voilà la seule question à examiner. *(Note de l'Editeur.)*

à sortir de l'anarchie, et ne sont encore unis que par le désir commun de se donner un Gouvernement. Chacun, jouissant encore de toute son indépendance et de toute sa liberté naturelle, concourt par son suffrage à la formation du corps politique, à l'institution du Gouvernement, et au choix de la personne naturelle ou morale à qui le pouvoir suprême est confié. Ainsi l'on peut dire, dans un sens véritable, que la souveraineté vient originairement de la multitude, parce que c'est dans le consentement de la multitude que se trouve la cause et la raison suffisante de l'existence de la souveraineté.

Mais, s'il est vrai que la souveraineté ait pris son origine dans la volonté de la multitude, il ne faut pas en conclure que la multitude ou le peuple possède ou ait jamais possédé la souveraineté, la souveraineté n'a commencé d'être qu'au moment où le prince, le sénat ou l'assemblée des citoyens en ont été investis. C'est une qualité morale, un rapport formé par l'accord des volontés. Le peuple ne l'a pas conférée comme une chose qui se transmet de la main à la main. Il l'a créée, et il ne la possédait pas lorsqu'elle n'existait pas encore. Il ne la possède pas davantage après l'avoir créée, puisqu'il ne lui a donné l'être que pour en investir une personne certaine. Avant le Pacte social, qui a donné naissance à la souveraincté, le peuple n'était pas souverain, il n'était qu'indépendant : par le Pacte social, il a cessé d'être indépendant, et s'est constitué sujet.

Le gouvernement une fois établi, le peuple conserve-t-il nécessairement, et par un droit naturel, inaliénable, le pouvoir de juger le prince, de le destituer et de changer la forme du gouvernement ? (1)

Je dis par un droit naturel, inaliénable, car il ne s'agit pas ici d'un gouvernement limité par une Constitution qui énoncerait clairement les cas où le prince encourrait la peine de déchéance. Une Constitution de cette nature serait un traité synallagmatique qui ferait la loi du prince et des sujets.

Tous les raisonnemens de Locke, dans son traité *du Gouvernement civil*, ne sont applicables qu'à ces sortes de Constitutions limitées. Cet ouvrage n'a pour but que de justifier la révolution qui avait placé Guillaume III sur le trône de Jacques II. Plein d'une admiration juste, mais trop exclusive pour le Gouvernement de son pays, Locke en fait le modèle et le patron de tous les Gouvernemens; et il ne distingue pas assez, du pouvoir arbitraire, la monarchie absolue, mais tempérée par des lois.

------

(1) La personne du Roi est inviolable et sacrée. (*Art.* 13 *de la Charte.*) (*Note de l'Editeur.*)

Cependant, la monarchie absolue et irrévocable n'a rien de contraire au droit et à la raison. Les clauses limitatives et résolutives de la souveraineté ne sont point dans la nature des choses. Sans blâmer les peuples qui ont cru devoir se réserver une action contre le Souverain, on conçoit que d'autres peuples, pour mieux assurer la tranquillité publique, ont pu raisonnablement se départir de tout droit et de toute action semblable. Bien plus, quand il serait vrai que ce droit de jugement à l'égard du Prince, et de révision à l'égard du Gouvernement fut fondé sur la nature, il ne s'ensuivrait pas qu'un peuple n'eut pu y renoncer validement, et même prudemment, comme, en se formant en société, il avait déjà renoncé à une partie de son indépendance et de sa liberté naturelle.

Le Pacte social, ainsi que tout autre contrat, peut-être absolu, aussi bien que conditionnel. Tant que nous ne voyons pas ces clauses résolutives exprimées formellement dans la Constitution d'un Etat, nous devons tenir pour certain, que l'érection de la souveraineté a été faite d'une manière absolue et irrévocable; et que les peuples, sans prétendre donner au Prince le droit de gouverner arbitrairement, ont pensé qu'il était plus sage de s'exposer aux abus passagers de l'autorité, que de conserver, au sein de l'Etat, un germe toujours subsistant de discordes et de factions.

Mais, quand même l'acte constitutionnel renfermerait la clause expresse de la destitution du Prince, dans certains cas prévus et clairement exprimés, il ne s'ensuivrait pas que le peuple, dans le sens que l'entendent les révolutionnaires, fut en droit de s'investir de l'autorité souveraine et de changer la forme du Gouvernement. Dans une pareille Constitution le Prince est moins le Souverain, que le chef du Gouvernement : son pouvoir est limité par le texte de la loi fondamentale, et cette même loi a nommé d'avance le magistrat, le sénat ou l'assemblée à qui serait dévolu le droit de juger le Prince, et de pourvoir à son remplacement. Telle était l'autorité des Ephores à Lacédémone, et celle du *Justiza* dans le royaume d'Arragon. Ces sortes de jugemens, lorsqu'ils sont prévus, et expressément autorisés par l'acte constitutionnel, n'emportent point la révocation du pacte social, ils n'en sont que l'exécution. Mais, ce qu'il importe d'observer, ce n'est pas au peuple, ou à la multitude, c'est à des personnes ou à des corps institués dès l'origine, qu'est confié l'exercice de ce droit toujours dangereux.

La distinction établie par Rousseau entre le Souverain et le Gouvernement n'est donc pas une suite nécessaire du Pacte social, et il est aisé de prouver qu'elle n'était point admise de fait chez les peuples de la plus haute antiquité.

Lorsque les Hébreux demandent à avoir un Roi comme les autres Nations, Samuël leur expose tout ce qu'ils auront à souffrir d'un mauvais Roi, sans leur montrer d'autre ressource contre l'abus du pouvoir, que d'implorer le secours de Dieu. Homére appele les Rois les enfans de Jupiter : il dit que c'est le maître des Dieux qui leur a donné le sceptre, et les a établis pasteurs des peuples. Les anciens Rois d'Egypte, d'Assyrie et de Perse exerçaient le pouvoir le plus absolu et le plus indépendant. Le seul droit que les Egyptiens s'étaient réservé à l'égard de leurs Rois, c'était de faire le procès à leur mémoire, et de les priver de la sépulture royale, s'ils étaient convaincus d'avoir violé les lois. Les Chinois, qui conservent encore aujourd'hui les mœurs et les opinions de la 1re antiquité, tiennent pour également sacrées l'autorité royale et l'autorité paternelle. Hérodote, Pausanias, Aristote définissent la monarchie, le pouvoir de commander comme on veut, sans être obligé de rendre compte à personne. Telle était l'idée que tous les peuples de l'antiquité se faisaient des Rois proprement dits, car pour ce qui est des Lacédémoniens, des Argiens et d'autres peuples qui avaient limité l'autorité royale, Polybe,

Plutarque , Cornelius-Nepos et d'autres observent qu'ils n'étaient Rois que de nom, *nomine magis quam imperio.*

L'histoire ancienne nous offre encore l'exemple de plusieurs peuples qui renoncent volontairement au droit de se gouverner eux-mêmes. Les Campaniens, se voyant hors d'état de résister aux Samnites, se donnèrent au Peuple Romain, avec leur ville de Capoue, leurs terres, leurs temples, tous leurs droits divins et humains : ce sont les termes du traité (1) rapporté par Tite - Live. Les Epidauriens se donnèrent aux Corinthiens, afin qu'ils les défendissent contre leurs ennemis. Quelquefois, ainsi que l'observe Tacite, en parlant des Romains du tems d'Auguste , la situation des affaires publiques est telle qu'un Etat ne peut être sauvé, qu'en se soumettant à la domination absolue d'un seul. C'est ce qui détermina les Etats de Danemarck, en 1660, à déférer à Frédéric III la souveraineté absolue, illimitée et héréditaire. M. Mallet, dans ses notes sur le voyage en Danemarck , par M. Coxe , observe que depuis cette révolution « la nation Danoise, » en général, a été réellement plus libre quelle ne » l'était depuis bien des siècles, et qu'elle a sensible- » ment gagné à bien d'autres égards. » Selon l'évêque

---

(1) *Populum Campanum , urbemque Capuam , agros , delubra deûm , divina , humanaque omnia , in vestram , P. C. ditionem dedimus.*

Pontoppidau, le Danemarck doit à cette révolution une tranquillité qu'il n'avait jamais connue, et un accroissement subit de population.

Tous ces faits, et une multitude d'autres semblables prouvent manifestement que, dans la plupart des Etats, le peuple a toujours été bien éloigné de se croire Souverain, au sens que le disent Rousseau et les démocrates Français. Et comme les droits respectifs des Souverains et des sujets doivent s'estimer d'après la volonté connue de ceux qui ont fondé les Etats, et non d'après les idées de quelques philosophes, il est évident que le principe de la souveraineté du peuple n'est qu'un paradoxe moderne qui n'a point de fondement dans le droit naturel, et qui se trouve dementi par le droit public de presque toutes les nations.

A l'exception de quelques démocraties turbulentes, qui toutes ont été la proie des tyrans domestiques, ou des conquérans étrangers, nulle Constitution n'a laissé à la multitude le droit illimité de réformer ou d'abolir le Gouvernement établi. La nature des choses y résiste, et tout démontre que le peuple est essentiellement incapable de gouverner. Je ne dis pas seulement qu'il ne peut exercer les fonctions du Gouvernement ou le pouvoir exécutif, comme Rousseau lui-même en convient, je dis qu'il est incapable de toute administration politique, et par conséquent de tout exercice du pouvoir souverain.

Si, dans l'histoire d'une démocratie, l'on rencontre quelques intervalles d'ordre et de tranquillité, c'est que le peuple se laisse conduire, et que le Gouvernement démocratique de droit, est aristocratique ou monarchique de fait. Toute la gloire d'Athènes disparaît avec Périclès, le dernier de ses hommes d'Etat. Sous le Gouvernement qui laisse au peuple l'exercice de la souveraineté, le peuple est d'autant plus heureux, qu'il use moins de son droit : preuve sensible qu'il est plus près de la nature, lorsqu'il est gouverné, que lorsqu'il gouverne.

Dans quelle étrange contradiction l'esprit de système a jeté l'auteur du *Contrat social* ! (1) Parle-t-il de la souveraineté ? la multitude suit constamment la droite raison : jamais elle ne se trompe sur ses véritables intérêts : elle juge également bien et les choses et les personnes : une assemblée populaire est un Aréopage. S'agit-t-il du Gouvernement ? la multitude est le jouet de l'erreur et des passions, elle ne se meut que par sédition, elle n'est faite que pour obéir : « il est contre l'ordre naturel que le » grand nombre gouverne, et que le petit soit gouverné. » Cependant, si le peuple a toutes les qualités

____

(1) Ce traité plein de contradictions, d'incohérances et de sophismes, aurait dû être intitulé *le Code anti-social.*

que demande l'exercice de la souveraineté , pourquoi n'aurait-il pas celles qu'exigent les fonctions du Gouvernement ? Et s'il est essentiellement incapable de gouverner, pourquoi, et à quel titre est-il souverain ?

Autre contradiction : Rousseau convient que le peuple ne peut gouverner par lui-même , mais il veut qu'il fasse ses lois , et qu'il nomme ceux qui doivent gouverner en son nom ; ce qu'il ne peut faire que de deux manières, ou en formant une assemblée générale, ou en se faisant représenter par un certain nombre de citoyens. Le premier moyen est évidemment impraticable dans une grande nation ; le second, selon Rousseau lui-même , est incompatible avec la liberté : « A l'instant qu'un peuple se donne des re-» présentans, il n'est plus libre , il n'est plus. » (1)

Comment Rousseau n'a-t-il pas vu les conséquences et le danger de son système ? Si le droit de la souveraineté résidait dans le peuple , ce serait dans la masse du peuple , dans la multitude qu'il faudrait le placer. Car « les hommes naissent et de-» meurent égaux en droits, et tous les citoyens ont » droit de concourir personnellement , ou par leurs » représentans, à la formation de la loi. » Il ne s'agirait pas de peser les suffrages, il ne faudrait que les

---

(1) Contrat social.

compter. La naissance, le rang, les richesses, l'éducation, les lumières; seraient des titres inutiles. Ces avantages politiques ou naturels ne peuvent être reconnus que dans un Gouvernement établi : leur influence ne se fait sentir que dans le silence de l'ordre et de la paix. La souveraineté du peuple est donc la souveraineté du grand nombre. C'est la force physique qui succède à la force morale ; c'est la violence qui remplace le droit. Delà une succession interminable de troubles et de révolutions, nulle forme solide de Gouvernement, nulle législation constante et durable.

Dans toutes les sociétés politiques, il existe une guerre sourde des pauvres contre les riches : les uns voulant changer le Gouvernement, les autres voulant le maintenir. *Semper in civitate, quibus opes nullœ sunt, bonis invident, vetera odére, nova expetunt, odio suarum rerum mutari omnia student* (1); mais lorsqu'une révolution a bouleversé toutes les fortunes, et déplacé les bornes de toutes les propriétés, le nombre des pauvres demeure toujours le plus grand, et le parti des mécontens, grossi de toutes les victimes de l'injustice, l'emporte encore sur celui qui désire la conservation du nouvel ordre de choses.

______

(1) Salluste.

Au milieu de ce combat éternel de toutes les passions, de tous les intérêts, les délibérations de la multitude ne formeront jamais des lois proprement dites, auxquelles tous les individus soient obligés de se soumettre. Quand un peuple a détruit son Gouvernement, le pacte social est rompu, il n'existe plus ni cité, ni citoyen ; chacun rentre dans l'indépendance de l'état de nature ; nul ne peut être lié par l'opinion, ou par la volonté des autres. Sous un Gouvernement régulier, dans les affaires soumises à la délibération d'un corps, la pluralité des suffrages constitue un droit véritable, parce que l'Etat social suppose une volonté commune, et que, l'accord de toutes les volontés étant moralement impossible , il est juste que la volonté du grand nombre soit regardée comme la volonté de tous, et que la minorité s'y soumette. Mais il n'en est pas de même dans ce tems d'anarchie qui précède l'institution d'un nouveau Gouvernement : on ne peut, sans blesser mon indépendance et ma liberté naturelle , me forcer à vivre sous des lois nouvelles que je n'ai pas consenties. S'il ne me plaît pas de me ranger à l'opinion de la majorité, il doit m'être permis, ou de vivre chez moi paisiblement, sans prendre part aux affaires publiques, ou du moins de me retirer en pays étranger , en conservant la propriété de mes biens, et la faculté d'en disposer.

Chez les Athéniens, au rapport de Platon, il était libre à quiconque n'approuvait pas les lois et les coutumes de la République, de se retirer où bon lui semblait, avec tout ce qui lui appartenait. Cicéron regardait comme le fondement le plus ferme de la liberté romaine le droit de ne pouvoir être contraint à sortir de la Cité, ou à y demeurer. *Ne quis invitus civitate mutetur, neve in civitate maneat invitus. Hæc sunt enim fundamenta firmissima nostræ libertatis, sui quemque juris et retinendi et dimittendi esse dominum.* (1)

Quand on pourrait contester le droit d'émigration aux citoyens nés sous un Gouvernement affermi, reconnu par leurs aïeux, et sous la protection duquel ils avaient été élevés, on ne le refusera pas à ceux qui abandonnent un pays, où la violence introduit une forme de Gouvernement, à laquelle ils ne sont liés ni par l'engagement de leur naissance, ni par leur propre volonté. Sans doute, je me dois à ma patrie, mais ma patrie n'est pas précisément le sol qui m'a vu naître ; c'est un être moral qui se compose de mes intérêts, de mes affections et de mes rapports avec la société politique à laquelle j'appartiens ou par la naissance, ou par le choix.

Cette seule réflexion justifie pleinement les Fran-

---

(1) Pro L. Corn. Balbo.

çais de 'toute les conditions qui se sont exilés d'un pays où il s'établissait un régime non moins contraire à leurs principes qu'à leurs intérêts. Dans un Etat institué, l'acquiescement, la soumission aux lois se prouvent par la résidence. Lorsqu'on renverse l'ancien Gouvernement pour en créer un nouveau, l'émigration est la mesure la plus modérée que puissent prendre les dissidens. En renonçant à la qualité de citoyens dans la Monarchie Constitutionnelle, ou dans la République Française, les émigrés usaient d'un droit naturel et politique ; car, ainsi que l'observe Rousseau, « le Pacte » social exige un consentement unanime, parce » que l'association civile est, par sa nature, l'acte » du monde le plus volontaire (1). »

Il ne s'agit pas ici de démontrer l'injustice et l'atrocité des lois portées contre les émigrés. Mais on peut les citer comme des traits propres à caractériser le Gouvernement populaire. Le peuple ne sait pas respecter le droit quand il a le pouvoir : il ne lui suffit pas d'être libre, il veut être tyran. Quiconque refuse de souscrire aux lois qu'il fait aujourd'hui, pour les abroger demain, est victime de son aveugle fureur. Il proscrit et ceux qui se retirent, parce que leur conscience repousse les

____

(1) Contrat social.

lois qu'on veut leur imposer, et ceux qui n'ont fui que pour se dérober aux outrages et à la mort.

Considérons maintenant ces assemblées populaires, où se forment les nouveaux systêmes de législation, et sans nous prévaloir de la trop funeste expérience que la France en a faite, voyons ce qu'on doit en attendre dans tous les tems et dans tous les pays.

Je ne parlerai pas de Florence, de Gênes et des autres républiques modernes d'Italie, où l'histoire ne nous montre que l'alternative des convulsions de la licence, et des fureurs de la tyrannie. Je remonte aux siècles de la liberté, je me transporte chez les Athéniens, la Nation la plus humaine, la plus spirituelle, la plus éclairée de toute la Grèce. Mais quel spectacle m'offrent les assemblées de ce peuple célèbre? Je vois proscrire l'un après l'autre les plus grands généraux, les plus vertueux personnages de la république, un Miltiade, un Cimon, un Aristide , un Thémistocle , un Phocion , un Socrate. Je vois les armées et les finances confiées à des hommes d'une ineptie et d'une improbité reconnues. J'entends publier une loi qui condamne à la mort tout orateur qui proposerait d'employer à la défense de l'Etat les fonds mis en réserve pour les spectacles. Une autre loi déclare que tout ce qu'ordonnera le roi Démétrius , sera tenu pour saint envers les Dieux , et juste envers les hommes. Extravagante et lâche adulation qui semble avoir servi de modèle au serment de maintenir une Constitution, que personne ne connaissait, et qui était à peine ébauchée !

Athènes, cependant, était régie par des lois pleines de sagesse, que le peuple n'avait pas faites, et auxquelles il ne se croyait pas en droit de toucher. Que serait-ce donc s'il fallait que les lois elles-mêmes devinssent l'ouvrage d'une multitude indocile, impétueuse , qui , sans connaissance du passé , sans prévoyance de l'avenir , ne sent que le besoin du moment , et ne peut jamais s'élever à ces vérités qui servent de base à la législation ?

Un peuple législateur ! (1) qu'elle étrange association d'idées ! D'un côté, la fougue, l'ignorance, l'imprudence, la mobilité ; de l'autre, le calme, les lumières, la sagesse, l'impassibilité. Il n'y a jamais eu de législation qui fut l'ouvrage, je ne dis pas de la multitude, mais d'une assemblée nombreuse. Les plus belles lois ont été publiées par des souverains absolus. Sans parler de Justinien, de Charlemagne,

____

(1) Suivant J. J. « *Il faudrait des Dieux pour donner des lois aux hommes , et un législateur est , à tous égards , un homme extraordinaire dans l'Etat* » ; comment se fait-il donc que le peuple en masse ait seul le droit de faire des lois ?

de Saint-Louis et de Louis XIV, les plus beaux morceaux du Code et des Pandectes portent le nom de Caracalla et de ses ministres; les ordonnances rédigées par l'Hôpital et par d'Aguesseau ont illustré les règnes de Charles IX et de Louis XV. En effet, dans tout ce qui appartient à la jurisprudence, un Souverain absolu est au-dessus de toute considération personnelle. Au défaut de la vertu, la raison seule lui apprend que son intérêt est inséparable de celui de la société.

Un peuple législateur! et le peuple, pris en masse, n'a de moralité qu'autant qu'il est contenu par les lois. Ce frein, nécessaire pour toutes les classes de la société, l'est encore plus pour celles que l'indigence et la jalousie soulèvent contre l'ordre public. Des passions grossières sans cesse éveillées par le besoin, ne peuvent être réprimées que par la crainte. Si le peuple n'obéit pas, il commande, et son règne est le renversement de toute justice naturelle et sociale.

La souveraineté ne réside donc pas dans le peuple, puisque le peuple a toujours besoin d'être gouverné. Le pouvoir législatif ne lui appartient pas, puisque la législation a pour objet de le contenir. La force publique ne doit pas lui être confiée, puisqu'alors il n'y aurait aucune force qui pût le réprimer. S'il y avait sur la terre une nation composée d'hommes sans passions et parfaitement éclairés sur leurs devoirs, ce peuple de sages pourrait se gouverner par lui-même, et se déclarer législateur et souverain, ou pour mieux dire, il n'aurait besoin ni de Souverain, ni de Législateur, ni de Gouvernement.

Sous un Gouvernement, et avec une force populaire, il n'existe ni puissance, ni force publique. Quand, par un soulèvement universel et simultané, une nation brise tous les ressorts de son Gouvernement, elle ne recouvre pas la souveraineté, elle l'anéantit. Tout rentre dans l'état de nature : la nation est dissoute de droit, et si, par le fait, il reste encore quelque ombre de Gouvernement, c'est parce que le plus fort contraint le plus faible. Encore même, ce n'est pas dans le peuple que réside cet empire de la force : il n'en est que l'instrument, et il est vrai de dire, que le peuple n'est jamais plus esclave, que lorsqu'il veut être, et qu'il se croit Souverain.

Ainsi les républiques populaires de la Grèce et de la Sicile ne sortaient de l'anarchie, que pour se courber sous le joug d'un tyran; ainsi les dissentions qui commencèrent à Rome après l'expulsion des Rois, et que nourrissaient les entreprises séditieuses des tribuns contre l'autorité du sénat, préparèrent le despotisme de Sylla, de Marius, de César, d'Antoine et d'Octave. Ainsi, du jour qu'il s'est vanté d'avoir conquis la liberté, le peuple Français s'est vu asservi successivement par les comités de son assemblée nationale, par les clubs, par Robespierre, par la convention, par le directoire. (1)

Tel est le caractère de la multitude : ou elle sert avec bassesse, ou elle domine avec insolence? Elle ne sait, ni jouir de la liberté avec modération, ni s'en passer. *Hæc est natura multitudinis : aut servit humiliter, aut superbé dominatur; libertatem, quæ media est, nec spernere modicè, nec habere sciunt.* (2) Essentiellement inhabile à se gouverner par lui-même, le peuple est forcé de se donner des tribuns, qui bientôt s'érigent en dictateurs. On commande au nom du peuple, mais le peuple obéit : en changeant de ministres, il ne fait que changer de tyrans. Car sous un pareil Gouvernement , ce ne sont pas les hommes éclairés, vertueux, désintéressés qui tiennent le timon des affaires. Heureux ! si la faction dominante leur permet de vivre ignorés, et de gémir en secret sur les maux de la patrie.

Voilà donc le peuple roi, dans un état de minorité perpétuelle, livré sans défense à une tourbe

---

(1) Enfin par Buonaparte. (*Note de l'Editeur.*
(2) Tite-Live.

de factieux et de brouillons qui , connaissant l'inconstance du maître qu'ils servent , se hâtent de mettre à profit la courte durée de sa faveur ; qui, ne pouvant tenir sous le joug une populace in-docile, qu'en flattant ses goûts féroces , la nourrissent de sang, pour l'accoutumer à la chaîne.

Rousseau (1), en parlant de Grotius et de son im-mortel ouvrage , *du Droit de la guerre et de la paix,* déclame contre les publicistes qui ont flatté les Rois, et il ajoute que le peuple n'a point de flatteurs parce qu'il ne donne ni chaires , ni pensions. Certes, ce n'est pas à ces minces récompenses qu'aspirent les flatteurs du peuple. Si Rousseau eût vécu quelques années de plus, il eût vu que le peuple peut aussi s'entourer de courti-sans, qu'il les choisit parmi les hommes les plus per-vers, et qu'il leur abandonne , non pas des pensions , des cordons, des emplois, des bénéfices, mais toute la puissance publique et toutes les fortunes particulières.

Les flatteurs du peuple sont bien autrement dan-gereux que ceux des Rois, parce que , de tous les Souverains , le plus méchant , le plus imbécille et le plus puissant , c'est le peuple. La tyrannie

______

(1) En vain J. J. dit que Grotius s'enchevêtre dans des sophismes. Grotius est plus intelligible que Rousseau. Il cite des faits; l'autre qui se perd dans sa méthaphysique, est obligé d'avertir son lecteur « qu'il ne sait pas l'art d'être clair pour qui ne veut pas être attentif. »

d'un mauvais prince trouve ses bornes dans celles de son pouvoir, dans l'opinion publique, dans le soin de sa propre sûreté. La tyrannie du peuple ne connaît pas de frein. La force du peuple est irrésistible. L'opinion publique, qui n'est que sa propre voix, justifie et consacre tous ses crimes. Cruel, parce qu'il est lâche, crédule, parce qu'il est ignorant et peureux, il ne se croit en sûreté qu'autant qu'il immole à ses soupçons toutes les victimes que lui désignent ses agitateurs. Sejan et Narcisse ont fait moins couler de sang qu'Hébert et Marat. Détestons les flateurs des Rois, mais abhorrons les flatteurs du peuple, et n'oublions jamais que le véritable ami du peuple et des Souverains, le sage administrateur, est celui qui tient pour maxime :

« Faites tout pour le peuple, et jamais rien par lui. »

Avant de terminer ce chapitre, je dois aller audevant d'une fausse conséquence que pourrait en tirer un lecteur peu attentif, en transportant à tous les Etats populaires ce que j'ai dit de ces assemblées, où la multitude entreprend de se créer des lois et un gouvernement.

Je l'ai dit dès les premières pages. Tous les Gouvernemens sont bons, quand ils sont bien administrés. La démocratie n'est pas mauvaise en elle-même. Ses inconvéniens naturels peuvent, en certaines circonstances, être compensés par des avantages équivalens ou supérieurs. Elle convient à certains peuples, et surtout à des nations peu nombreuses, peu riches et assez heureuses pour avoir conservé cette simplicité de mœurs, cette frugalité, cet amour de la patrie qui ne se retrouvent plus chez les nations opulentes.

Ce n'est point à ces peuples et à ces Gouvernemens consacrés par une longue habitude, que s'applique ce que je disais tout-à-l'heure des assemblées populaires. La force de la Constitution, l'esprit et les mœurs publiques, le respect pour la loi y préviennent les abus de la liberté. Tant qu'ils demeureront vertueux, ces peuples pourront être Souverains impunément. Car le plus grand vice de la démocratie est la faiblesse, et un peuple que gouverne la vertu, n'a pas besoin que son Gouvernement politique ait une grande force. Dans ces heureuses démocraties, les assemblées populaires, assujetties à des formes invariables, et ouvertes à une discussion sage et paisible, ne s'occupent que de maintenir le Gouvernement et de faire exécuter les lois. Et ces lois, ce Gouvernement ne sont pas l'ouvrage d'une multitude ignorante et passionnée, mais le fruit des profondes réflexions d'un homme d'Etat, en qui les peuples révèrent le caractère sacré de législateur.

Il n'en est pas ainsi d'une nation corrompue qui n'aspire à la liberté, que pour secouer le joug des lois ; d'une nation désorganisée par une rébellion subite et générale, qui entreprend elle-même de re-composer son Gouvernement, et qui fonde sa nou-velle Constitution sur la violation ouverte du droit de propriété, pour la conservation duquel les sociétés politiques ont été principalement instituées. C'est là que les assemblées populaires sont des attroupe-mens séditieux, où des hommes sans lumières, sans principes, sans propriété, sans intérêt au bon ordre ne portent que le vœu de la licence et de la cupi-dité; où la multitude est toujours entraînée par l'élo-quence grossière et l'audace de quelques déma-gogues ; où une minorité insolente commande la terreur, et emporte de vive-force toutes les délibé-rations, où enfin, le nom et les droits du peuple sont prostitués à une populace grossie de l'écume des conditions supérieures. Une nation semblable, sous un Gouvernement ferme et vigoureux , peut jouir encore de la liberté civile ; mais elle la perd infailliblement et sans retour , tant qu'elle ose prétendre à la liberté politique.

« La liberté , dit Rousseau, dans ses *Considé-
» rations sur le Gouvernement de Pologne*, est un
» aliment de bon suc , mais de forte digestion. Il
» faut des estomacs bien sains pour le supporter.

» Je ris de ces peuples avilis qui se laissant ameuter
» par des ligueurs, osent parler de liberté, sans en
» avoir l'idée, et le cœur plein de tous les vices des
» esclaves, s'imaginent que pour être libres, il suf-
» fit d'être des mutins. »

CHAPITRE V.

De l'Insurrection.

On peut distinguer deux sortes d'insurrection, l'insurrection générale et l'insurrection partielle. Par l'insurrection générale, une nation entière ou la plus grande partie d'une nation se soulève contre la puissance publique. Par l'insurrection partielle, il se forme dans l'Etat des factions qui attaquent à force ouverte le Gouvernement établi.

Du principe de la souveraineté du peuple découle nécessairement le droit d'insurrection générale. Le peuple étant le véritable Souverain, ceux qui gouvernent ne sont que ses mandataires: il peut les révoquer, s'ils viennent à perdre sa confiance ; et, comme ils ont toujours quelque force en main, et rarement assez de modération pour céder volontairement au vœu du peuple, ce n'est ordinairement que par l'insurrection, et, en leur opposant une force plus puissante, que le peuple parvient à ressaisir l'exercice de la souveraineté.

Ce n'est pas de cette insurrection nationale qu'il s'agit dans ce chapitre. Avant de mettre en question , si la nation en corps a le droit d'agression contre la puissance publique , l'ordre demande que nous examinions si ce droit appartient aux factions et aux particuliers.

Dès les premiers jours de la Révolution, un jeune ambitieux qui avait rapporté de l'Amérique l'enthousiasme de la liberté , et le projet d'être le Washington de la France, s'était acquis une grande popularité , en proclamant *l'insurrection* comme *le plus saint des devoirs* , mais une pareille maxime devait-elle être adoptée par une assemblée de législateurs ? « Le but de toute association politique , » *déclaration des droits* , article II , est la con- » servation des droits naturels et imprescriptibles » de l'homme. Ces droits sont la liberté , la pro- » priété , la sûreté et la résistance à l'oppression. »

Les Métaphysiciens qui ont rédigé la déclaration des droits, connaissaient bien peu la nature et la fin de la société civile, quand ils ont dit que le but de toute association politique est la conservation des droits naturels de l'homme. Les droits naturels de l'homme ne sont pas les droits du citoyen : l'état social n'est pas l'état de nature. Le but principal, ou la fin dernière de toute association politique , c'est le bonheur de ses membres , et sa fin plus immédiate, c'est la paix, la sûreté individuelle , et la garantie des propriétés , les trois élémens dont se compose le bonheur de l'homme en société. Si, pour atteindre à ce but, il est nécessaire, comme on ne saurait en douter, que chacun relâche quelque chose des droits qu'il aurait eus dans l'état de nature, il est évident que le but de l'association politique n'est pas de conserver les droits naturels de l'homme.

Les droits naturels de l'homme ne sont pas imprescriptibles, comme le dit encore la déclaration. Outre qu'ils sont nécessairement modifiés par les clauses du pacte social, ils peuvent l'être encore par le fait particulier des individus, soit qu'ils en aliènent une partie par des conventious volontaires, soit qu'ils méritent par leurs crimes de les perdre en entier.

Enfin, les droits dont il est parlé dans la déclaration, ne doivent pas être rangés sur la même ligne. La liberté, la propriété, la sûreté sont des droits naturels qui subsistent dans l'état de société, mais avec des modifications et des restrictions qui, loin de les altérer, ne tendent qu'à les renforcer et à les défendre. Pour la résistance à l'oppression, ce droit n'appartient qu'à l'état de nature, où il n'existe ni loi commune, ni magistrat reconnu, ni force publique; il est incompatible avec l'idée même de l'association politique. En effet, que s'est-on proposé dans l'institution des sociétés civiles et des Gouvernemens, sinon de substituer la volonté générale aux volontés particulières, et de forcer tous les membres de la société de soumettre leurs prétentions à l'autorité publique ? Or, l'autorité publique et la volonté générale ne sont plus rien, si tout citoyen se croit en droit de résister à l'oppression, ou , ce qui est la même chose, d'opposer la force à tous les actes de l'administration qu'il lui plaira de regarder comme oppressifs. Admettre sous l'empire de la loi un seul cas où il soit permis de résister à la loi, et de s'armer contre elle , c'est briser le lien de la société , et rappeller le genre humain à cette anarchie primitive, où chacun s'établissait juge dans sa propre cause.

Par-tout où la résistance à l'oppression serait érigée en droit, il pourrait exister une force , mais non une autorité , car l'autorité, qui est le droit de commander, suppose un devoir d'obéir. Mais à quoi se réduit le devoir d'obéir , lorsque tout mécontent, tout ambitieux se disant opprimé, et la déclaration des droits de l'homme à la main , peut opposer une résistance légale et constitutionnelle à la volonté du Souverain?

Si l'on dit que le droit de résistance suppose une oppression réelle , et qu'il n'existe pas où il n'existe pas d'oppression, je reponds d'abord qu'aux termes et dans l'esprit de la déclaration des droits , chacun demeure juge de l'injure qu'il prétend lui avoir été faite, d'où il suit évidemment qu'une oppression imaginaire donne les mêmes droits qu'une oppression réelle.

Je dis, en second lieu, que, dans le cas même d'une oppression réelle et manifeste, le droit de résistance active de la part des particuliers est inadmissible. L'état social n'admet pas un droit dont l'usage entraînerait infailliblement la ruine de la société. Or, il est évident que la société ne saurait subsister avec le droit laissé à tout citoyen de résister par la voie de l'insurrection, à l'oppression même réelle et manifeste. Sous la Constitution la plus favorable à la liberté, sous le Gouvernement le plus humain et le plus éclairé, il est impossible qu'il ne se commette pas quelques injustices, car le prince et les magistrats sont des hommes : *vitia erunt, donec homines* (1). Ces injustices, ces erreurs de l'administration sont un mal inévitable que l'on a prévu, et auquel on s'est résigné, en consentant à vivre dans l'état civil, et, puisque ce mal n'a paru qu'un inconvénient nécessaire et tolérable, en comparaison des troubles et des désordres inséparables de l'anarchie, ne serait-il pas insensé d'en chercher le remède dans la dissolution de la société, et le retour à l'état de nature, c'est-à-dire, à l'état de guerre de tous contre tous ?

La première de toutes les lois sociales, c'est le salut public : *salus populi, suprema lex esto,*

---

(1) Tacite.

et la conséquence immédiate de cette loi première, c'est que l'intérêt particulier doit toujours céder à l'intérêt général. Or, une injustice commise par le Souverain est un mal particulier et passager ; mais la résistance à l'autorité, la rébellion est un mal général et permanent, parce qu'elle attaque l'ordre public, d'où dépend la sûreté de tous.

Tel est le respect que tout citoyen doit à la tranquillité publique, que cet intérêt l'emporte quelquefois sur les droits d'une justice rigoureuse. C'est en faveur de la tranquillité publique, que le droit des gens admet une prescription à l'égard de la souveraineté, comme les lois civiles l'ont instituée à l'égard des propriétés particulières. Quand un pou_voir est solidement établi, l'origine en fut-elle injuste, il faut le conserver, parce que le salut du peuple y est attaché. Lors même que la prescription n'a pas légitimé le pouvoir, il n'est pas toujours permis aux particuliers de l'attaquer à force ouverte. Car s'il est vrai que je ne dois rien à l'usurpateur, je dois à la société de ne pas troubler son repos par des tentatives impuissantes qui, sans utilité pour le souverain légitime, n'aboutiraient qu'à plonger l'État dans les horreurs de l'anarchie.

Si l'intérêt de la tranquillité publique peut, en certaines circonstances, obliger les particuliers à ménager une puissance usurpée, quel doit être le respect des citoyens pour l'autorité légitime ?

Mais, dira-t-on, ce n'est pas aux particuliers ; c'est au Peuple tout entier que l'assemblée constituante attribue le droit de résister au Gouvernement. Or, qui peut douter que le peuple, en faveur de qui les Gouvernemens ont été institués, ne soit en droit de s'élever à main armée, s'il le faut, contre un Gouvernement qui l'opprime?

Je n'examine pas encore jusqu'à quel point et de quelle manière un peuple entier pourrait se défendre contre l'oppression. Mais je dis que la maxime qui consacre le droit d'insurrection doit s'entendre, non d'une Nation entière, mais d'une faction quelconque, même d'un seul individu, puisqu'elle le met au nombre des droits naturels et imprescriptibles de l'homme et du citoyen. D'ailleurs l'usage qu'ont fait de cette maxime les chefs de la Révolution montre bien qu'ils n'ont pas prétendu la borner au cas d'une oppression générale. Ils savaient trop que le Gouvernement dont ils avaient conjuré la ruine, ne donnerait aucune prise au reproche de tyrannie. Ce n'a été qu'en suscitant des prétentions particulières, en divisant les ordres de l'Etat, en opposant l'une à l'autre les différentes classes de la société, qu'ils sont parvenus à étendre et à généraliser l'insurrection.

Du reste, il ne faut qu'une legère connaissance de l'histoire, pour savoir que l'intérêt du peuple est toujours le prétexte , jamais le motif des révolutions. C'est un voile usé et transparent , dont les factieux couvrent leurs vengeances ou leur ambition. Dans tous les temps , chez toutes les Nations les conspirateurs ont tenu le même langage ; et , par-tout , le succès a prouvé que ces prétendus libérateurs du Peuple étaient ses plus cruels ennemis.

On trouve dans notre histoire une guerre du bien public , qui se termina par des traités particuliers où chacun des chefs de la révolte obtint quelque avantage. Il ne fut pas même question de l'intérêt du peuple à qui les deux parties firent payer les frais de la guerre.

A quelle honte , à quels remords s'est condamné ce malheureux Peuple qui voyait un ennemi dans Louis XVI , et un ami dans un Mirabeau !

Certes, ce n'est pas l'homme sage et vertueux qui, même sous un mauvais prince lève l'étendart de la révolte. Il connaît mieux, il ressent plus vivement qu'un autre les abus du Gouvernement , car il souffre, et de son mal, et du mal des autres. Mais, si la place qu'il occupe dans l'Etat ne lui fait pas un devoir d'éclairer l'administration , il déplore en silence les malheurs de la patrie , parce qu'il sait qu'un Gouvernement vicieux est un moindre mal que le renversement de l'ordre public ; il sait pour emprunter les paroles de Bossuet qui traduit et agrandit

Tacite, « qu'il faut souffrir les violences des mau-
» vais Princes, en souhaiter de meilleurs, les sup-
» porter quels qu'ils soient, espérer un tems plus
» serein pendant l'orage, et comprendre que la pro-
» vidence, qui ne veut pas la ruine du genre hu-
» main, ni de la nature, ne tient pas éternellement
» le peuple opprimé par un mauvais Gouvernement,
» comme elle ne bat pas l'univers d'une continuelle
» tempête. Les beaux jours pourront donc refaire
» ce que les mauvais auront gâté, et c'est vouloir
» trop de mal aux choses humaines que de joindre
» aux maux d'un mauvais Gouvernement un re-
» mède plus mortel que le mal, qui est la divi-
» sion intestine (1). »

Quand il serait vrai que l'oppression poussée aux
derniers excès peut légitimer la résistance, un Philosophe, ami de l'humanité, se garderait bien de révéler au peuple une vérité si dangereuse : un législateur sage n'en ferait pas la base de sa Constitution;
il n'établirait pas l'ordre public sur le droit de révolte, il n'inviterait pas le Peuple à prévenir le moment où l'usage de ce remède extrême pourrait
être justifié par l'extrême nécessité ; il n'exposerait
pas à une ruine certaine un Empire que le temps et
la patience auraient sauvé. Quel jugement porte-

---

(1) Cinq^e. avertiss^t.

rions-nous d'un instituteur, qui ne parlerait à son élève de l'autorité paternelle, que pour lui ap-prendre qu'il est des circonstances où il peut déso-béir à son père ? Tel est l'esprit des leçons politiques des Lycurgues du jour, qui en s'adressant au peuple, lui parlent sans cesse de ses droits et jamais de ses devoirs.

Helvetius, Raynal, Diderot, et cette tourbe de sophistes incendiaires, qui, depuis long-temps, creusaient et chargeaient la mine dont l'explo-sion a renversé la moitié des Gouvernemens de l'Eu-rope, avaient établi la théorie de l'insurrection. Leurs déclamations fougueuses étaient perdues pour le peuple qui ne lit pas, et le gros des lecteurs ne les regardaient que comme des jeux d'esprit, incapables de troubler le monde. Mais du moment que l'Assem-blée constituante eut transporté leur doctrine dans la *déclaration des droits*, et qu'elle l'eut convertie en maximes populaires, tous les liens moraux qui unissaient le Souverain et les sujets furent brisés, et il ne resta plus que la force, qui bientôt passa toute entière du côté de ceux qui ne devaient qu'obéir.

Qui ne connait l'adresse perfide, avec laquelle les artisans de la Révolution ont sû mettre en œuvre ce principe de sédition ! Par combien d'insurrections partielles ils ont amené ce bouleversement de la religion, de la monarchie, de l'ordre social, qui épouvante et menace l'Europe entière! Avec quel art, quelle profonde scélératesse, par quelle gradation, par quel enchaînement de crimes ils ont façonné au régicide un peuple jusque-là renommé par sa douceur, sa sensibilité, son amour pour ses Rois ! Après avoir conçu le plus exécrable des forfaits, quelques scélérats ont poussé la populace à le demander, et forcé la Nation à le souffrir : *isque habitus animorum fuit, ut pessimum facinus auderent pauci, plures vellent, omnes paterentur* (1).

Hélas ! c'était au meilleur, au plus débonnaire des Rois qu'était réservé ce sort affreux que n'ont pas éprouvé les tyrans les plus sanguinaires. Jamais les factieux ne font valoir avec plus d'avantage le prétendu droit d'insurrection, que lorsqu'il n'a pas même de prétexte. Le règne de Louis XI, agité par les révoltes des grands, ne fut troublé par aucune émeute populaire. Henri VIII étouffa sans peine les soulèvemens qu'avait excité sa tyrannie et son intolérance. Deux Rois, en Angleterre et en France, ont péri sur un échafaud, victimes de cette jurisprudence sacrilège qui donne aux sujets le droit de juger le Souverain, et ces deux Rois étaient des Princes humains, à qui l'Histoire ne reprochera que de n'avoir pas su tenir d'une main assez

____

(1) Tacite.

ferme les rênes du Gouvernement. L'Angleterre depuis un siècle et demi, expie tous les ans, par un jeûne solennel, le meurtre de l'infortuné Charles I. Le tems n'est pas éloigné, peut-être, où la France dressera des autels au vertueux Louis XVI.

Le droit d'insurrection n'est pas moins funeste aux peuples qui le réclament, qu'aux Souverains contre lesquel il est dirigé ; et presque toujours, la nation qui a renversé le trône, est écrasée sous ses débris. On peut établir comme maxime générale, que toute révolution dans un Etat se fait aux dépens du peuple. Mais cette maxime est d'une vérité encore plus sensible, à l'égard des révolutions qui se font au nom du peuple, sous le prétexte de son intérêt, en empruntant ses forces, et le faisant intervenir comme acteur principal. Dans les révolutions produites par la rivalité de deux princes, ou de deux partis qui se disputent le pouvoir, l'Etat est déchiré par la guerre civile : mais la religion, les lois, les tribunaux, les propriétés, les mœurs, tous les fondemens de la société demeurent. L'Etat a changé de maître, les principes du gouvernement ont été modifiés, mais il reste un Etat et un Gouvernement. La machine politique, ébranlée par une secousse momentanée, reprend son mouvement accoutumé, et le plus souvent les suites de la révolution n'atteignent pas la masse de la nation.

Il en est bien autrement d'une révolution populaire. Un Peuple qui se soulève en masse, ne prétend pas disputer l'autorité, il veut l'anéantir. Il veut être libre, et ne croit l'être que lorsqu'il se voit au-dessus de toutes les lois. Il ne sait ni arrêter ses vues, ni borner ses projets, ni mesurer ses coups. Dans les institutions les plus sages, il ne voit que les abus. Fort pour la destruction, impuissant pour la réforme, sa marche fougueuse et irrésistible n'est marquée que par des ruines, *Gaudetque viam fecisse ruinâ*, et sa révolution ne lui paraît qu'ébauchée, tant qu'il reste encore quelque chose à renverser. Les autres révolutions sont pour les états des maladies violentes, mais passagères, qui souvent les raniment et leur donnent une nouvelle vigueur: les révolutions populaires amènent la désorganisation totale, et la mort du corps politique.

Après avoir plongé dans un abîme de maux le Souverain et la Nation, le droit d'insurrection finit par renverser, tôt ou tard, les factieux qui lui doivent leurs succès. C'est un instrument de troubles et de séditions, toujours dirigé contre le pouvoir dominant, quel qu'il soit, légitime ou usurpateur. Lorsqu'elle plaçait la résistance à l'oppression, parmi les droits essentiels de l'homme et du Citoyen, l'Assemblée Constituante était plus occupée des moyens de détruire la Monarchie, que du soin d'affermir la nouvelle Constitution qu'elle méditait. Elle éprouva bientôt que sur une pareille base, il était impossible d'asseoir un édifice solide. Le droit d'insurrection avait assuré le triomphe des rebelles : il précipita la chute des législateurs.

L'exemple une fois donné, le principe solennellement établi, les partis se formèrent à l'abri de la loi, et vingt factions, tour à tour opprimées et triomphantes, firent couler des fleuves de sang, en invoquant *le plus saint des devoirs*. Enfin, la Convention Nationale qui devait tout son pouvoir et jusqu'à son existence au dogme de l'insurrection, a compris qu'elle ne pouvait se maintenir qu'en le proscrivant. Elle s'est crue assez forte pour ravir aux Citoyens un de *leurs droits naturels et imprescriptibles* : elle a même osé leur parler de devoirs et de soumission.

Voici comme elle s'exprime dans la *Déclaration des droits de l'Homme et du Citoyen*, qu'elle a mise en tête de la Constitution décrétée en 1795 : « Art. XVII. La Souveraineté réside essentielle- » ment dans l'universalité des Citoyens. Art. XVIII. » Nul individu et nulle réunion partielle de Citoyens » ne peut s'attribuer la Souveraineté. Et au titre » *des devoirs*, art. III. Les obligations de chacun » envers la société consistent à la défendre, à la » servir, à vivre soumis aux lois, et à respecter ceux » qui en sont les organes. »

C'est ainsi que les brigands reviennent aux principes de la justice, quand il s'agit de partager le butin.

Mais dans la République Française, comme dans les attroupemens de voleurs, la politique et la morale n'ont d'autres fondemens que l'intérêt des passions et du moment, d'autre appui que la force. Vainement les délégués d'un *Peuple Souverain* entreprendraient de lui imposer des devoirs, s'ils n'étaient soutenus par ces légions innombrables qu'ils nourrissent, en affamant les créanciers de l'Etat. Ces maximes philosophiques, qui sont en contradiction avec tous les principes de la Révolution, n'attacheront pas les cœurs et les consciences au Gouvernement Républicain. Elles ne préviendront pas une seule insurrection ; et lorsqu'enfin l'arme de la terreur sera émoussée, ce peuple, que des suggestions perfides et des manœuvres infernales avaient soulevé contre un Gouvernement, sous lequel il vivait heureux et paisible, brisera les chaînes qu'il s'est forgées lui-même. Il apprendra, non de ses tyrans, mais de la religion, *qu'il doit être soumis aux lois et respecter ceux qui en sont les organes.* Il se dira que, si la révolte contre l'autorité légitime est un crime aux yeux de Dieu et de la société, *l'insurrection* contre des usurpateurs couverts du sang de leur Roi, *est le plus saint des devoirs.*

Le pouvoir qui gouverne la France aujourd'hui (1) ne peut invoquer aucun des principes qui obligent les particuliers à respecter l'ordre établi.

1.º La République Française n'est pas une puissance légitime. Née de la révolte, elle s'est établie par la violence, et n'existe que par l'usurpation et l'injustice. Usurpation à l'égard du Roi, dont quelques factieux ont envahi l'autorité, contre le vœu de l'immense majorité de la Nation. Injustice et barbarie à l'égard des deux premiers ordres de l'Etat , et de tous ceux que la faction dominante a bannis, spoliés, assassinés, en haine de la Religion et du légitime Souverain. Ni le tems, ni les événemens n'ont lavé le titre impur de la République Française. La Nation, toujours opprimée, toujours asservie , n'a pas sanctionné le nouvel ordre de choses par un acquiescement libre et volontaire ; et quand on supposerait cet acquiescement de la part de ceux qui ne sont point sortis du Royaume , il ne détruirait ni les droits d'une multitude innombrable de familles qui redemandent le Gouvernement et la Religion de leurs pères , ni les justes prétentions du Roi sur une couronne que ses ancêtres ont porté plus de huit cents ans. En traitant avec la République Française, les Puissances Étrangères n'ont reconnu

---

(1) En 1798. (*Note de l'Editeur.*)

que sa possession : il ne leur appartenait pas de discuter la validité de son titre. La victoire, les traités,
la reconnaissance de tous les Gouvernemens de
l'Europe ont placé la République Française au rang
des États politiques. Elle est devenue une puissance
de fait, comme l'était Cromwel, durant son Pro-
tectorat, mais elle n'est pas une puissance *de
droit*. (1)

2.º Le Gouvernement actuel de la France n'est
pas un pouvoir conservateur de la tranquillité
publique. Il n'est pas tellement affermi, tellement
reconnu, qu'on ne puisse l'attaquer, sans ébranler
et bouleverser l'ordre social. C'est un Gouvernement tyrannique, dans la double acception de ce
mot : car il l'est, et dans son origine, et dans son
exercice. Il a violé lui-même la Constitution qui
faisait son titre et sa loi : il ne règne que par la
terreur : il se joue insolemment et des droits politiques et des droits de la justice et de l'humanité.
Tant qu'il subsistera, les Français ne pourront se
promettre ni liberté religieuse et civile, ni paix
entre eux et avec les étrangers, ni sûreté pour
leurs personnes et pour leurs propriétés. Un pareil
Gouvernement n'est point un ordre social, c'est

----

(1) On doit en dire autant du prétendu règne de Buonaparte. *(Note de l'Ed.)*

une anarchie persévérante , organisée en faveur d'une poignée de tyrans.

Les sermens commandés par ce Gouvernement monstrueux ne lui donnent aucun droit sur les consciences. D'abord , les sermens politiques prescrits par un usurpateur ne supposent nullement que l'on reconnaît son Gouvernement pour légitime : ils n'emportent que la promesse d'une soumission extérieure et passive. C'est là le sens et tout l'effet que l'opinion des peuples , et parconséquent le droit public, donne à ces sortes de déclarations , et cet engagement cesse , du moment que l'usurpateur n'est plus en possession de la puissance publique. Car je ne lui ai promis soumission, que parce que j'ai vu dans sa personne le Souverain *de fait*, dont il faut respecter la puissance, tant qu'elle est nécessaire au maintien de l'ordre public, et que le Souverain *de droit* est hors d'état de seconder les efforts de ses fidèles sujets. En second lieu , il est notoire qu'à l'égard du grand nombre, c'est la violence qui a dicté les sermens contradictoires de maintenir les différentes constitutions qui se sont succédé depuis la naissance de la Révolution. Mais une promesse injustement extorquée, ne confère aucun droit à celui qui l'a reçue , et n'oblige pas celui qui l'a faite. Si la violence m'a soumis à des tyrans, il me reste le droit incontestable de détester

leur domination, et de m'affranchir d'un joug igno-
minieux par toutes les voies que m'ouvriront le
courage et la prudence. Quant à ceux qui se sont
rendus complices de la révolte ou de l'impiété par
des sermens volontaires, ou par le serment de
haine à la royauté, il sont absous de ces lâches
et criminels engagemens par l'honneur et par la
Religion.

CHAPITRE VI.

De l'Inviolabilité de la Puissance Souveraine.

J'ai montré dans le chapitre précédent, combien était absurde et dangereuse la doctrine qui donne aux individus le droit de résister à la puissance publique. Dans celui-ci, j'entreprends de prouver que la Nation elle-même n'a pas le droit de renverser son Gouvernement, de juger et de déposer son Souverain. Je n'ignore pas que l'opinion contraire a pour elle des raisons spécieuses et des autorités imposantes. Mais, s'il faut peser les voix, à Sydney, à Locke, à Rousseau, j'opposerai Grotius, Puffendorf et Bossuet. Quant aux raisons, je ne dissimulerai pas celles de mes adversaires, et le lecteur prononcera.

L'établissement de la Puissance Souveraine est l'effet de l'une des conventions qui ont servi de fondement à la Société civile, ainsi qu'on l'a vu dans le premier chapitre de cet ouvrage; d'où il suit que l'inviolabilité de la puissance souveraine doit être regardée comme une conséquence nécessaire de la perpétuité du pacte social. Or, il est impossible de douter que le pacte social ne soit de sa nature, perpétuel et irrévocable. Les conventions qui ont formé la société civile, ne liaient pas seulement ceux qui les avaient faites ; elles obligeaient leurs descendans (1). Car la Société civile n'est pas une société à tems; elle est éternelle, comme le genre humain, qu'elle est destinée à conserver et à perfectionner. Ceux qui l'ont instituée

---

(1) Rousseau prétend qu'un père ne peut aliéner ses enfans, parce qu'ils naissent *hommes et libres*, et que, pour qu'un Gouvernement soit légitime, il fant, qu'à chaque génération, le peuple soit le maître de l'admettre ou de le rejeter. Cette maxime est conforme à ses principes, mais elle anéantit le Pacte social. En effet, s'il arrivait que les enfans voulussent rejeter le Gouvernement et que les pères voulussent le maintenir, qui les mettrait d'accord ? Les pères l'ont établi, il est légitime pour eux ; les enfans ne l'ont pas admis, il est illégitime à leur égard. Quel désordre dans l'Etat ! Bien plus, ce droit, que Rousseau accorde aux générations à venir, serait un droit naturel et n'appartiendrait pas seulement au peuple entier, mais à chaque individu en particulier ; car, d'après Rousseau, le Pacte social exige *un consentement unanime*. Ainsi, né long-tems après la Constitution de mon pays, je ne l'ai point consentie, je n'y suis donc point lié ; le Gouvernement qu'elle a établi, s'il ne me plait pas, n'est donc point légitime à mon égard ; sitôt que j'aurai réuni assez de forces et de partisans, je pourrai donc secouer le joug et *recouvrer ma liberté par le même droit qui me l'a ravie, c'est-à-dire par la force.* Si les enfans ne sont pas liés par la Constitution de leurs pères, il s'en suit donc que le droit de révolte leur appartient, et que le Pacte social est dissout à chaque génération, ou plutôt, qu'il n'y a réellement point de Pacte social.

Le raisonnement de Rousseau porte sur une équivoque. Nos enfans naissent libres et non pas indépendans, parce qu'ils naissent dans la société, et pour la société. Ils naissent libres, mais de la liberté civile seulement, et non de la liberté naturelle, parce que la liberté naturelle n'existait qu'avant la formation de la société, et que l'homme de la société n'est pas l'homme de la nature. Celui donc qui naît aujourd'hui, n'a plus à choisir qu'entre les forêts et la soumission au Gouvernement établi. En restant dans la la société, il adopte l'acte d'association. (*Note de l'Editeur.*)

n'ont pas prétendu, sans doute, qu'elle finit avec eux. Ils ont voulu que le bienfait de leur institution passât à leur postérité. Ils sont donc présumés avoir stipulé que leurs enfans auraient en naissant le droit de jouir des avantages communs à tous les membres de l'Etat, et particulièrement le droit de posséder certains biens à titre d'hérédité : et comme l'on ne saurait obtenir ces avantages sans la protection du Souverain, et sans reconnaître son autorité, tous ceux qui naissent d'un citoyen, demeurent, par le seul fait de leur naissance, soumis au même Souverain que leur père. Ils tiennent à l'Etat par le lien de la propriété; ils contractent l'obligation de conserver l'Etat, comme l'Etat a conservé leur patrimoine. Mais on ne peut conserver l'Etat, sans respecter la puissance souveraine qui en est l'ame. Les devoirs que les fondateurs de la Société s'étaient imposés à l'égard de la puissance souveraine, passent donc tous entiers à leurs descendans; et la puissance souveraine conserve sur les générations les plus éloignées tous les droits dont elle a été investie à la naissance de la Société.

C'est donc à cette époque qu'il faut se reporter, si l'on veut connaître les droits et les devoirs respectifs des peuples et des Souverains. Or, il paraît indubitable que les fondateurs de la Société ont conféré au Souverain qu'ils instituaient, toute la puissance qu'ils avaient sur eux-mêmes, *potestas populi, et in populum*, comme dit Sénèque, et qu'ils n'ont prétendu se réserver aucune juridiction, aucune supériorité à son égard.

Le repos et la perpétuité des Empires, la tranquillité du genre humain, la nature même du Pacte social exigeaient que la puissance souveraine, d'où émanent toute autorité et toute juridiction dans l'Etat, ne pût être citée devant aucun tribunal. En se soumettant à des lois, en instituant un Gouvernement, chaque membre du corps politique avait renoncé au droit de se faire justice par lui-même; à plus forte raison, ne prétendait-il pas se réserver le droit d'agir hostilement contre le Souverain. L'état de société ne connaît d'autre force que la force publique, laquelle réside toute entière dans le Souverain, et ne peut jamais se tourner contre lui.

On voit assez ce que j'entends par le *Souverain*. Dans les monarchies absolues, c'est le Monarque gouvernant selon les formes et les lois fondamentales. Dans les monarchies limitées, c'est le Monarque réuni aux autorités qui partagent avec lui les droits et l'exercice de la souveraineté. Dans les républiques, c'est le Conseil ou l'Assemblée, à qui la Constitution défère l'administration et le pouvoir suprême. Ainsi je ne dis pas que tous les peuples doivent être gouvernés par un Roi, ni que tous les Rois doivent être absolus, mais je dis que dans quelque Gouvernement que ce soit, le Souverain ne peut-être justiciable de ses sujets, et que, dans toute société, la puissance publique est inviolable de droit.

J'ai dit que l'inviolabilité de la puissance souveraine était fondée sur le titre même de son érection. Mais c'est à ce titre primitif qu'en appellent aussi les défenseurs de l'opinion que je combats; et leur premier principe, c'est que, lors de la formation de l'Etat, il est intervenu entre le peuple et le Souverain un traité par lequel l'un a promis soumission et fidélité, l'autre protection et justice; et que ce pacte n'est pas moins obligatoire pour le Souverain que pour le peuple.

Je l'ai dit moi-même, dès le commencement de cet ouvrage : ce traité est dans la nature de la chose, et doit se supposer, lors même qu'il n'en reste pas de vestiges dans l'histoire. Je dis plus, il faudrait encore le supposer, quand il serait constant qu'il n'a point existé. Car, s'il est vrai que la plupart des Etats doivent leur origine au droit de conquête, il faut reconnaître que ce droit n'a pu se convertir en titre légitime, que par l'acquiescement des peuples; et cet acquiescement, tout muet qu'il est, équivaut à un traité exprès entre le conquérant et le peuple vaincu.

Rousseau en impose trop visiblement , quand il accuse les publicistes royaux de mettre en question si le genre humain appartient à une centaine d'hommes, ou si cette centaine d'hommes appartient au genre humain ; quand il leur reproche de diviser l'espèce humaine en troupeaux de bétail , dont chacun a son chef qui le garde pour le dévorer.

Certes, ce n'est pas dans les écrits des publicistes formés à l'école de la Religion, que l'on puisera ces odieuses notions de la souveraineté. Ce n'est pas sur de pareilles maximes que sont fondées les leçons que donnaient aux fils de nos Rois le grand Bossuet, dans sa *Politique tirée des livres saints,* l'immortel Fénélon, dans son *Télémaque*, et l'éloquent Massillon, dans ses discours admirables, où les devoirs des Rois sont présentés avec toute la force de la raison et toute la hauteur du ministère évangélique (1). Grotius et Puffendorf que Rousseau semble avoir eu particulièrement en vue, n'enseignent rien qui puisse justifier un pareil reproche.

Loin de nous ces basses et perfides adulations. Nous savons et nous disons hautement que les Souverains et les Peuples sont liés par des devoirs réciproques fondés sur le contrat primordial de

____

(1) Ce n'est pas ainsi que pensait Louis XVI quand il a écrit : « Je
» recommande à mon fils , s'il avait le malheur de devenir roi , de
» songer qu'il se doit tout entier au bonheur de ses concitoyens , et
» qu'il ne peut le faire qu'en régnant suivant les lois. » Testa. de L. XVI.

l'association politique. Mais nous disons en même
tems que telle est la nature de ce contrat, que
bien qu'il produise de part et d'autre une obligation
proprement dite, il ne s'ensuit pas qu'il soit dissous,
au moment que le Souverain cesse d'en remplir les
conditions.

Deux raisons puissantes et décisives prouvent
qu'il est irrévocable de sa nature, et que le peuple,
à moins, comme on l'a dit ailleurs, que le contraire ne soit formellement énoncé dans l'acte d'institution, n'a pas entendu se réserver une action
contre le Souverain.

La première de ces raisons est prise de l'intérêt
même du peuple, qui ne peut être heureux qu'à
l'abri de la paix, et qui, presque toujours, souffrirait
plus des secousses inséparables de toute révolution,
qu'il ne peut souffrir des abus passagers d'un mauvais règne. Ce sont les maux qu'entraîne l'anarchie,
qui ont fait sentir la nécessité d'une loi commune,
et d'un Souverain dépositaire de la force publique.
Or, le droit laissé au peuple de surveiller l'emploi
de la force publique, de contrôler la loi commune,
et d'annuler à son gré le Pacte social, ramènerait
sans cesse l'anarchie avec toutes ses horreurs.

La seconde raison est fondée sur ce que, dans
le cas même de l'infidélité de l'un des contractans,
la résiliation du contrat doit être prononcée, ou
par les clauses même du contrat, ou par un juge,

et non par la partie qui se prétend lésée, sans quoi il serait trop facile, sous des prétextes frivoles, d'éluder les engagemens les plus solennels.

Mais, d'abord, nous parlons ici des gouvernemens, où la puissance souveraine n'est pas restreinte par des clauses irritantes insérées dans la Constitution. Dans ces gouvernemens, le Souverain est engagé envers les sujets par une promesse expresse ou tacite qui lie sa conscience, mais qui ne limite pas son autorité, parce qu'en même tems qu'il s'oblige à bien administrer, il demeure seul juge de ce que demande une bonne administration.

En second lieu, si la résiliation du contrat social n'est pas prononcée textuellement par le contrat même, elle ne peut l'être par aucune puissance humaine. Le Souverain et les sujets ne reconnaissent point de juge commun. Il n'est point de tribunal où l'on puisse porter un procès de cette nature ; et puisqu'il ne peut être jugé, le procès entre les sujets et le Souverain ne peut exister. Dans toute Constitution, où l'autorité du Prince n'est pas balancée par une autre autorité légale, le jugement du Prince et sa destitution sont rendus impossibles par la Constitution elle-même.

Si l'on dit que, par la violation du contrat primordial, le Souverain est supposé abdiquer son droit, et rentrer dans l'état de nature par rapport à son peuple; je réponds que l'intérêt du peuple ne permet pas de supposer cette abdication de la royauté, qui deviendrait pour toute la Nation une source intarissable de désordres et de calamités. Un Roi qui abdique volontairement et paisiblement ne trouble pas la Constitution de son Etat, parce que la loi a nommé d'avance son successeur, et que sa démission ne produit que ce qu'aurait opéré sa mort un peu plus tard. Mais une abdication présumée ne rompt pas seulement les liens qui attachaient les sujets au Souverain, elle rompt aussi tous ceux qui attachent entre elles les différentes parties de l'Etat. Dans cette espéce d'interrègne , il n'existe plus de corps politique ou de Nation; il ne reste qu'une multitude, un corps acéphale, dont les membres n'ont plus d'union entr'eux, du moment qu'ils n'en ont plus avec la tête qui leur distribuait la vie et le mouvement. Ce n'est pas seulement le Souverain qui rentre dans l'état de nature par rapport à son peuple, comme Lock le suppose, c'est la Nation toute entière qui se plonge dans ce chaos anarchique, dont elle ne sortira qu'après avoir essuyé des maux mille fois plus cruels, que ceux qu'elle avait prétendu éviter, en se révoltant contre son Souverain.

Je veux que la violation du pacte social emporte l'abdication de la souveraineté. Mais où sont les juges revêtus de l'autorité nécessaire pour prononcer l'infraction du Pacte social, et la vacance du trône? S'il s'élève un parti pour accuser le Prince, croit-on qu'il ne s'en formera pas pour le défendre? Voilà donc la guerre civile allumée, et nous retombons dans tous les dangers de la doctrine de l'insurrection.

Il me semble que l'on ne fait pas assez d'attention à la nature du Pacte social, lorsqu'on suppose qu'il est annulé par le seul fait de l'infidélité du Souverain. Le pacte qui confère la puissance souveraine ne doit pas être assimilé aux contrats de particulier à particulier, ou de puissance à puissance. Ceux-ci sont des contrats d'égalité, où chacune des parties, conservant son indépendance, ne s'engage qu'autant, et pour aussi long-tems que l'autre se montre fidèle à ses engagemens. Celui-là est un contrat d'inégalité, par lequel une des parties contractantes se soumet à l'autre. Or, quoique les obligations soient réciproques et égales entre le Roi et le sujet, on conçoit que le droit de les faire valoir peut n'être pas le même; et lorsque le sujet est une multitude qui se défie d'elle-même, et sent le besoin qu'elle a d'être conduite, on conçoit encore mieux qu'elle a pu s'abandonner entièrement à la sagesse et à la loyauté de ses chefs.

D'ailleurs, il n'est pas de l'essence d'un contrat

d'être dissous, par cela seul qu'un des contractans refuse d'en remplir les conditions. Des raisons prises du bien public peuvent l'emporter sur le droit de la partie innocente. Nous en avons un exemple dans le mariage, qui est tellement indissoluble, que l'infidélité de l'un des deux époux ne rend pas à l'autre sa liberté. Le bien des familles, l'ordre public, l'intérêt des mœurs exigeaient que le lien du mariage ne pût jamais être rompu. Des considérations encore plus importantes, parce qu'elles sont d'un intérêt plus général, impriment au contrat social le même caractère de perpétuité et d'indissolubilité.

Du reste, en disant que les peuples ne se sont réservé aucune action contre le Souverain, je n'ai entendu parler que des Constitutions où cette réserve n'est pas formellement exprimée. Car, d'ailleurs, je ne veux pas nier que le Pacte social ne soit susceptible de clauses irritantes ; et de fait, il s'en trouve de cette nature dans plusieurs Constitutions.

De savoir si ces Constitutions sont meilleures que celles où une Nation n'a pas voulu prévoir ou supposer que ses Souverains abuseraient de l'autorité, c'est sur quoi je me garderai bien de prononcer. Les unes et les autres ont leurs avantages et leurs inconvéniens. Dans les premières, les peuples se sont montrés plus jaloux de leur liberté ; dans les autres , ils paraissent avoir mieux senti le prix de la tranquillité publique. Ces deux intérêts ont toujours quelque chose d'opposé ; et , comme il est bien difficile de ne pas ôter à l'un ce qu'on donne à l'autre, c'est le caractère national sur-tout qui doit déterminer la pente du Gouvernement.

S'il y avait une nation vive, légère, mobile , impétueuse, susceptible d'enthousiasme et capable de tous les excès, une nation plus faite pour être gouvernée, que pour se gouverner elle-même , ce serait vers la tranquillité, plutôt que vers la liberté, que sa Constitution devrait être dirigée. On a dit que le cardinal de Richelieu n'avait protégé les lettres avec tant d'éclat, que pour donner un aliment à l'activité française, et l'empêcher de se tourner vers la politique; ce serait une preuve qu'il avait bien connu le caractère de sa Nation, et cette vue serait digne de la profondeur de son génie.

Dans la démocratie, l'extrême liberté se trouve à côté de l'anarchie, sous le despotisme un calme profond avec la servitude. La monarchie absolue et héréditaire semble moins favorable à la liberté que les gouvernemens limités et les monarchies électives; mais ce désavantage est racheté par une plus grande stabilité , et au fond, un gouvernement ferme, et toujours égal, prévient les troubles qui détruiraient la liberté. S'il la restreint plus qu'un autre, c'est pour mieux la défendre des attaques de la licence.

Il n'est pas vrai, comme le prétend Rousseau, que le pouvoir absolu soit contraire au droit naturel, et qu'un peuple ne puisse s'y soumettre, sans tomber dans l'esclavage. On n'est point esclave, lorsqu'on jouit de la liberté civile. Or le pouvoir absolu, quand l'usage en est réglé par une Constitution, laisse subsister la liberté civile ; c'est par là que la monarchie, même absolue, diffère essentiellement du despotisme. Nous avons un Prince, disait Pline à Trajan, afin qu'il nous préserve d'avoir un Maître.

Un peuple qui se soumet à un roi, n'aliène pas sa liberté ; il ne donne pas, comme le dit Rousseau, les personnes, à condition qu'on prendra aussi les biens. Mais il place les biens, les personnes, la liberté sous une sauve-garde inviolable. Il sacrifie volontairement une partie de ses droits naturels, parce qu'il ne peut acheter qu'à ce prix la jouissance paisible de ce qu'il s'en réserve. La liberté n'a jamais plus de charmes que dans la monarchie absolue, sous un roi vertueux :

Nunquam libertas gratior exstat,
Quàm sub rege pio, (1)

et sous les princes médiocres, qui sont le plus grand

____

(1) Claudian

nombre, les abus du régime monarchique sont plus supportables que ceux de tout autre Gouvernement.

D'ailleurs, si l'on excepte la démocratie pure, que Rousseau lui-même relègue parmi les chimères politiques, sous toutes les formes de gouvernement, il existe un pouvoir absolu à l'égard du plus grand nombre des membres de la société. Que ce pouvoir réside dans une seule personne, dans un Sénat, ou dans une assemblée des Citoyens, le reste de la Nation demeure privé de la liberté politique, puisque dans les gouvernemens les plus populaires, le droit de concourir à la nomination des magistrats est refusé et aux femmes et aux prolétaires. Ou l'on doit convenir que les sujets d'un Monarque absolu peuvent jouir de la liberté, ou il faut dire que la plus grande partie du peuple n'est pas libre dans les Républiques.

Mais ce n'est pas seulement aux princes absolus que s'applique ce que j'ai dit jusqu'à présent de l'inviolabilité de la puissance Souveraine : ce principe tutélaire et conservateur de l'ordre public s'étend à tous les Souverains, quelle que soit la forme du Gouvernement et la Constitution de l'Etat. Il n'est pas même étranger à ces Gouvernemens limités, où la peine de déchéance en certains cas est prononcée contre le Souverain ; mais alors, il faut l'entendre,

en ce sens qu'il n'est jamais permis de s'écarter de
la Charte constitutionnelle , et que la Nation n'est
pas plus en droit que le Prince ou le Magistrat de
passer les bornes qui séparent leurs pouvoirs respectifs. En un mot, la puissance souveraine, telle qu'elle
se trouve établie par le Pacte social, est inviolable ,
parce que le Pacte social est essentiellement perpétuel et irrévocable. Il y a néanmoins un Gouvernement qui ne peut invoquer le principe de l'inviolabilité ; c'est la démocratie, où le Souverain et les
sujets n'étant qu'une même personne , il ne peut y
avoir entr'eux de contrat proprement dit, et où le
peuple conserve nécessairement le droit de changer
et même de détruire la Constitution qu'il s'est
donnée. « En tout état de cause, dit Rousseau ,
» très-conséquemment à sa théorie démocratique,
» un Peuple est toujours le maître de changer ses
» lois , même les meilleures. Car, s'il lui plaît de
» se faire mal à lui-même , qui est-ce qui a droit
» de l'en empêcher (1)? »

Je crois avoir prouvé que les peuples ont pu ,
sans blesser ou leur intérêt, ou le droit de la nature , se donner un Souverain irrévocable et indépendant d'eux-mêmes. Il reste à discuter les raisons
alléguées à l'appui de l'opinion contraire.

------

(1) Contrat Social.

C'est le peuple, disent les publicistes démocrates, qui a institué les Souverains. Or, celui qui institue conserve la supériorité sur celui qui est institué.

Oui, sans doute, celui qui institue conserve la supériorité sur celui qui est institué, lorsqu'il l'établit sur un tiers, en lui communiquant une partie de son autorité, mais non, lorsqu'il le constitue son Supérieur, et qu'il s'engage à lui obéir. Un père de famille conserve son autorité sur celui de ses domestiques qu'il met à la tête des autres; mais la femme qui se marie demeure soumise à une autorité qu'elle a établie elle-même. Une armée qui élirait son général, ne prétendrait pas apparemment s'être réservé le droit de lui commander. L'objection pose en principe ce qui est en question.

Au moment où la société s'est formée, le peuple pouvait ne pas établir une telle forme de gouvernement. Il pouvait remettre en d'autres mains le pouvoir suprême ; mais en nommant le Souverain, il est devenu sujet. Prétendre que dans cet état même, il soit au-dessus du Souverain, c'est vouloir qu'en même tems, il obéisse et commande à la même personne : « Soldats, disait Valentinien à l'armée » qui venait de l'élire, il dépendait de vous de ne » pas me nommer Empereur : maintenant que je le » suis, c'est à vous d'obéir, à moi de voir ce qu'il » convient d'ordonner. » On peut appliquer ici ce que dit Sénèque de la Divinité qui, dans le gouvernement du monde, obéit constamment aux lois qu'elle s'est prescrites en le créant : *semel jussit, semper paret.* Le peuple, lors de l'institution de la société, a commandé une fois, pour obéir toujours (1).

Tout Gouvernement, disent encore les écrivains à qui nous répondrons, est établi en faveur de ceux qui sont gouvernés, et non en faveur de celui qui gouverne : le Souverain est pour le peuple, et non le peuple pour le Souverain.

Le principe est incontestable ; mais il ne prouve pas que le peuple ait quelque juridiction sur le Souverain. Les tuteurs sont établis pour le bien des pupilles, et cependant, ou plutôt par cette raison, ils ont autorité sur eux. On dira, sans doute, qu'un tuteur infidèle ou incapable peut être destitué, et l'on ne manquera pas d'en conclure que le peuple a le même droit à l'égard du Souverain. Mais la conséquence n'est pas juste. D'abord ce n'est pas le

---

(1) **Mais**, dit **Rousseau**, ce n'est qu'une commission, qu'un mandat que donne le peuple, et qu'il peut limiter, modifier et reprendre quand il lui plaît. Cela peut être vrai dans les démocraties pures, où le peuple s'attribue la suprême autorité ; mais en est-il ainsi dans toutes les autres formes de gouvernement ; et résulte-t-il des droits naturels de l'homme, ou de l'essence du Contrat social, que le peuple soit seul Souverain, et que le Monarque ne soit que son mandataire ? C'est là la question, et c'est ce que Rousseau suppose toujours sans chercher à le prouver. *(Note de l'Éd.)*

pupille qui destitue le tuteur ; et puis, le tuteur reconnaît un Supérieur dans la personne du Magistrat, et le Souverain ne connaît rien au-dessus de lui.

Comme il ne peut y avoir de progrès à l'infini, il faut bien s'arrêter à une dernière autorité, qui est celle du Souverain. « Les Magistrats, dit l'Empereur » Marc-Aurèle, sont les juges des particuliers, les » Princes les juges des Magistrats, et Dieu le juge » des Princes. » Si quelqu'un de nous s'écarte des » règles de la justice, disait Grégoire de Tours au » Roi Chilpéric, vous pouvez le punir. Mais, si » vous les violez vous-même, qui vous reprendra ? » Nous vous faisons des remontrances, et vous les » écoutez, si vous le jugez à propos. Si vous les » rejetez, Dieu seul est votre juge. »

C'est parce que le Souverain est pour le peuple, qu'il doit être indépendant du peuple. Une autorité qui pourrait être mise en jugement n'aurait pas assez de force pour protéger le peuple, et le défendre contre ses propres passions (1).

Les publicistes démocrates disent enfin que le

---

(1) » Un Roi ne peut se faire respecter et faire le bien qui est dans son » cœur, qu'autant qu'il a l'autorité nécessaire autrement, lié dans ses opé- » rations, et n'inspirant point de respect, il est plus nuisible qu'utile. *Test. » de L. XVI.* » (*Note de l'Editeur.*)

peuple, n'ayant pas le droit de se détruire lui-même, ou de se rendre malheureux, n'a pu transférer un tel droit au Souverain. Or, ce droit absurde serait une suite nécessaire de la doctrine qui proscrit toute résistance contre le Gouvernement.

La question n'est pas de savoir, si un Souverain a le droit de rendre son peuple malheureux ou de le détruire. Les tyrans les plus féroces n'ont jamais réclamé un pareil droit ; les plus vils courtisans ne l'ont jamais avoué, si ce n'est le renard dans la fable des Animaux malades de la peste. Mais il s'agit de savoir premièrement, si après avoir soumis sa volonté à celle du Souverain, le peuple est en droit de lui prescrire la manière dont il doit gouverner, et de le punir de sa désobéissance ; secondement, si l'intérêt du peuple ne demandait pas qu'il préférât les inconvéniens d'une mauvaise administration à ceux qui naîtraient du droit de résistance contre le Gouvernement.

Or, je soutiens, qu'en vertu du Pacte social, le Souverain n'est comptable à personne de son administration, ni sujet à aucune peine de la part des hommes. La responsabilité suppose un Supérieur, et il implique contradiction qu'il y ait quelqu'un au-dessus du Souverain. A l'égard de la peine, il n'existe ni tribunal où le Souverain puisse être cité, ni juge pour prononcer, ni force pour mettre

la sentence à exécution. Car les tribunaux tiennent
leur autorité du Souverain, et la force publique ne
peut être mise en action que par sa volonté.

On a quelque peine à concevoir comment un
Souverain peut agir avec droit, lorsqu'il agit contre
l'intérêt de son peuple. Cette difficulté prend sa
source dans l'ambiguité du mot *droit*, auquel ré-
pondent deux idées bien distinctes. Le prince qui
abuse de son pouvoir, pèche contre le droit; mais
ses actes, tout injustes qu'ils sont, émanent d'une
autorité légitime, inviolable, même dans ses écarts.
Ils ont quelque effet de droit, c'est-à-dire qu'ils
imposent aux sujets l'obligation de ne pas résister à
force ouverte. C'est un droit, dans le même sens
qu'il est dit, que le préteur rend justice, lors même
qu'il prononce une sentence injuste. *Pretor jus red-
dere dicitur etiam cùm iniquè decernit.* (1) La souveraineté, par son essence, est un pouvoir qui, pour
valider ses actes, n'a pas besoin d'avoir raison.

Il n'y a pas de loi véritable, si elle n'est pas juste.
Mais ce n'est point de la justice, c'est de l'autorité
seule du législateur que la loi emprunte toute sa
force; autrement les édits et les ordonnances du
Prince ne seraient pas distingués des avis des juris-
consultes, qui n'ont de force, qu'autant que la

---

(1) Digest. L. 1. Tit. 1. L. XL.

raison leur en donne. « Il faut obéir au Prince comme
» à la justice, sans quoi il n'y a point d'ordre, ni
» de fin dans les affaires (1). » Le bon ordre, le
repos de la société, la force des jugemens veulent
que l'on reconnaisse dans le Souverain une sorte
d'infaillibilité. Tout est ébranlé, tout devient incertain, s'il est permis de demander raison à l'autorité
souveraine; et bien plus encore, s'il est permis de
la soumettre aux jugemens, c'est-à-dire aux caprices
de la multitude.

Je dis, en second lieu, que l'intérêt du peuple
demandait qu'il préférât les risques d'une mauvaise
administration aux désordres qui naîtraient nécessairement du droit de résistance active, et d'a-
gression contre l'autorité souveraine.

Pourquoi, demandait le ministre Jurieu, les
peuples se sont-ils donné des maîtres si puissans à
leur faire du mal ? « C'est, lui répond l'éloquent
» évêque de Meaux, la raison qui a obligé les
» peuples les plus libres, lorsqu'il faut les mener
» à la guerre, de renoncer à leur liberté, pour
» donner à leurs généraux un pouvoir absolu sur
» eux. On aime mieux hasarder de périr, même
» injustement par les ordres de son général, que
» de s'exposer par la division à une perte assurée

---

(1) Boss. Politique Sacrée.

» de la part des ennemis plus unis.... Un peuple
» qui a éprouvé les maux, les confusions, les
» horreurs de l'anarchie donne tout pour les éviter;
» et comme il ne peut donner de pouvoir sur lui,
» qui ne puisse tourner contre lui-même, il aime
» mieux hasarder d'être maltraité quelquefois par
» un Souverain, que de se mettre en état d'avoir
» à souffrir ses propres fureurs, s'il se réservait
» quelque pouvoir. Il ne croit pas pour cela donner
» à ses Souverains un pouvoir sans bornes; car
» sans parler des bornes de la raison et de l'équité,
» si les hommes n'y sont pas sensibles, il y a les
» bornes du propre intérêt qu'on ne manque guère
» de voir, et qu'on ne méprise jamais, quand on
» les voit.

» C'est ce qui a fait tous les droits des Souverains,
» qui ne sont pas moins les droits de leurs peuples
» que les leurs. Le peuple forcé par son besoin
» propre à se donner un maître, ne peut rien faire
» de mieux que d'intéresser à sa conservation celui
» qu'il établit sur sa tête. Lui mettre l'Etat entre
» les mains, afin qu'il le conserve comme son bien
» propre, c'est un moyen très-pressant de l'inté-
» resser. Mais, c'est encore l'engager au bien pu-
» blic par des liens plus étroits, que de donner
» l'empire à sa famille, afin qu'il aime l'Etat comme
» son propre héritage, et autant qu'il aime ses en-

» fans. C'est même un bien pour le peuple que le
» Gouvernement devienne aisé, qu'il se perpétue
» par les mêmes lois qui perpétuent le genre humain,
» et qu'il aille, pour ainsi dire, avec la nature.

» Ainsi, les peuples où la royauté est héréditaire,
» en apparence se sont privés d'une faculté, qui est
» celle d'élire leurs Princes. Mais, dans le fond, c'est
» un bien de plus qu'ils se procurent. Le peuple
» doit regarder comme un avantage de trouver son
» Souverain tout fait, et de n'avoir pas, pour ainsi
» parler, à remonter un si grand ressort. De cette
» sorte, ce n'est pas toujours abandonnement, ou
» faiblesse de se donner des maîtres puissans. C'est
» souvent, selon le génie des peuples et la Consti-
» tution des Etats, plus de sagesse et de profondeur
» dans les vues.

» C'est donc une grande erreur de croire qu'on ne
» puisse donner des bornes à la puissance souveraine
» qu'en se réservant sur elle un droit souverain. Ce
» que vous voulez faire faible à vous faire du mal,
» par la condition des choses humaines, le devient
» autant à proportion, à vous faire du bien. Et
» sans borner la puissance par la force que vous
» pouviez réserver contre elle, le moyen le plus
» naturel pour l'empêcher de vous opprimer, c'est
» de l'intéresser à votre salut (1). »

____

(1) Cinq.ᵉ avertissem.

J'ai rapporté ce long passage, non-seulement pour répondre à la question du ministre Jurieu, mais encore pour justifier la monarchie absolue et héréditaire contre les déclamations de tant d'écrivains inconsidérés, sans néanmoins en conclure que ce Gouvernement soit pour tous les peuples le meilleur et le plus parfait. Loin de donner une préférence exclusive à une certaine forme de Gouvernement, je voudrais que chacun demeura persuadé que le meilleur de tous les Gouvernemens est celui de son pays. Ce préjugé qui tend à conserver la tranquillité publique, vaut bien les prétendues découvertes de cette philosophie turbulente et séditieuse, qui ne sait corriger les abus politiques, qu'en détruisant les institutions sociales. Je voudrais que les citoyens de toutes les classes apprissent à se défier de l'esprit de système et d'innovation, à laisser au tems et aux événemens le soin d'amener les réformes utiles, graduellement et sans secousses, et à sentir que leur intérêt leur fait un devoir de respecter, de chérir et d'affermir le Gouvernement établi.

CHAPITRE VII.

Des bornes de la Puissance Souveraine.

De ce que les sujets n'ont aucune action contre le Souverain, s'ensuit-il que le Souverain, affranchi de toute loi, puisse gouverner selon son caprice, et que les sujets doivent une obéissance aveugle à toutes ses volontés ?

Dans un Etat constitué, le Souverain n'est pas un despote, les sujets ne sont pas des esclaves. La puissance souveraine, toujours et nécessairement absolue, trouve ses bornes dans les lois de la nature et de la Religion, dans les lois civiles et dans les lois fondamentales de l'Etat, enfin dans son propre intérêt qu'elle ne peut séparer de l'intérêt des peuples, sans courir à sa perte.

1.º Le Souverain est obligé de fléchir sous les lois de la nature et de la Religion : lois sacrées, in-dépendantes des hommes, qui s'allient avec toutes les formes de Gouvernement, qui forment le titre primitif de l'autorité, et que le Souverain a plus d'intérêt de respecter que le dernier de ses sujets. Si le Prince ordonne quelque chose de contraire au droit naturel, ou au droit divin, il agit sans pouvoir. Non-seulement on peut, mais on doit refuser d'obéir.

La maxime des Apôtres, qu'il faut obéir à Dieu plutôt qu'aux hommes, *obedire oportet Deo, magis quàm hominibus*, est d'une vérité évidente. On ne peut conférer à autrui aucun pouvoir sur soi-même, au préjudice d'un maître supérieur. Les hommes, en se soumettant à un Souverain, n'ont ni pu, ni voulu se soustraire à l'empire du Créateur. Il est encore moins permis d'obéir au Prince qui commande ce que Dieu défend, qu'il ne serait permis d'obéir à un officier subalterne, au mépris de la volonté connue du Souverain. Les droits de la conscience sont indépendans de la puissance civile.

Mais, en rendant à Dieu ce qui est à Dieu, il ne faut pas ôter à César ce qui est à César. Après avoir refusé d'obéir à un ordre que l'on ne pourrait exécuter sans crime, il faut, quoiqu'il puisse arriver, ne jamais opposer la force à l'autorité. Telle était encore la doctrine des Apôtres, si courageusement suivie par les premiers Chrétiens qui, placés par les ordonnances des Empereurs entre l'apostasie et la révolte, ne savaient que mourir. Et cette doctrine, la Religion chrétienne ne l'a consacrée, comme tant d'autres vérités morales auparavant méconnues, que parce qu'elle est fondamentale dans le droit public.

Par la nature du Contrat social, l'Etat acquiert sur nous et sur toutes nos actions un droit éminent de direction, autant qu'il est nécessaire au maintien de la tranquillité publique. L'Etat peut donc exiger de chacun de ses membres qu'il renonce au droit de résistance que donne la nature ; et l'on ne peut douter qu'il ne l'exige en effet, quand on considère que ce droit de résistance est incompatible avec la paix et le bon ordre de la société. Mais, il faut l'avouer, cette soumission passive à des ordres manifestement injustes, ne peut être commandée efficacement que par la religion.

2.° Le Prince est soumis aux lois civiles de l'Etat, parce qu'il est le premier citoyen ; quoiqu'il ne soit pas soumis aux peines de la loi, parce qu'il n'y a point de puissance coactive contre la puissance suprême.

Les Princes les plus absolus se sont fait gloire de rendre hommage à cette vérité. Je la trouve établie dans un écrit publié par ordre de Louis XIV : *Traité des droits de la Reine très-Chrétienne, sur divers Etats de la monarchie d'Espagne.* 1667.
« Qu'on ne dise point que le Souverain n'est pas
» sujet aux lois de son Etat, puisque la proposition
» contraire est une vérité du droit des gens que la
» flatterie a quelquefois attaquée, mais que les bons
» Princes ont toujours défendue comme une divinité

» tutélaire de leurs Etats. Combien est-il plus légi-
» time de dire, avec le sage Platon, que la parfaite
» félicité d'un royaume est, qu'un Prince soit obéi
» de ses sujets, que le Prince obéisse à la loi, et
» que la loi soit droite et toujours dirigée au bien
» public ? » Dans un lit de justice tenu en 1549, le
chancelier Olivier disait à Henri II, « que la vraie
» et solide gloire des Rois était de soumettre leur
» hauteur et majesté à la justice, à la rectitude, à
» l'observance de leurs propres ordonnances. » Tous
les jours en France, des particuliers plaidaient contre
le Roi, et les Magistrats n'avaient pas besoin de
courage pour juger avec impartialité.

Un Empereur romain avait dit qu'il était digne
de la majesté du Prince de reconnaître l'empire de
la loi : *Digna vox est majestatis, legibus alligatum
se principem profiteri.*

Ajoutez aux lois civiles les mœurs et le caractère
national, l'opinion publique et le sentiment de
l'honneur qui forment une seconde barrière, devant
laquelle le pouvoir arbitraire est obligé de s'arrêter,
même après avoir franchi celle des lois. Les bons
Princes affermissent eux-mêmes ces bornes : les
mauvais Princes craignent de les ébranler, parce
qu'ils n'ignorent pas que si elles défendent le peuple
contre le Souverain, elles sont aussi pour le Souverain un rempart contre les attentats du peuple,

3.° Le Prince, en montant sur le trône, promet ou expressément, ou tacitement de gouverner selon la justice. Cette promesse générale n'est pas vaine aux yeux d'un prince religieux : elle lui impose une véritable obligation dans l'ordre morale ; mais on ne peut pas dire qu'elle limite son pouvoir dans l'ordre politique, parce que, si d'ailleurs la constitution remet toute l'autorité entre ses mains, c'est à lui seul qu'il appartient de prononcer sur ce que demande une bonne et juste administration.

Un peuple qui aurait voulu partager avec le Prince l'autorité souveraine, et se réserver le droit de lui demander compte de son gouvernement, n'aurait pas manqué de fixer avec précision les limites de son pouvoir, et de marquer nommément les cas où il serait convaincu de les avoir outre-passées. Il ne se serait pas contenté de lui faire promettre qu'il veillerait au bien de l'Etat, et ne s'écarterait jamais des principes de la justice. Ces termes vagues que chacun peut interpréter comme il veut, et auxquels le Prince le plus absolu ne peut s'empêcher de souscrire, ne sont nullement propres à régler les droits respectifs des deux parties contractantes. Lors donc qu'ils se trouvent énoncés dans le serment d'inauguration, sans spécification des cas où la justice et le bien de l'Etat seraient censés compromis, ils ne peuvent avoir d'autre effet, que de

rappeler à la conscience du Prince le but de l'autorité souveraine , et l'usage qu'il en doit faire.

Outre ces promesses générales, qui sont de droit,
il peut arriver que le Souverain se lie volontairement par une promesse particulière de gouverner
selon certaines lois , ou certaines maximes. C'est
ainsi que plusieurs des successeurs de Philippe le
Bel s'engagèrent à ne faire aucun changement dans
les monnaies. Une semblable promesse ne peut être
envisagée que comme une interprétation de la
promesse générale , et ne produit pas une obligation
d'un autre genre. Le Souverain qui la fait librement
n'a pas entendu donner à ses sujets le droit d'employer la force pour le contraindre à l'observer : il
n'a engagé que son caractère moral et sa réputation.
Il en est , à cet égard, du Prince comme d'un père
de famille , qui malgré l'inexécution d'une promesse
faite à ses enfans, ne cesse pas d'être le chef de la
famille et le maître de la maison. En général , ces
sortes de promesses , de la part de ceux qui sont
constitués en autorité, ne donnent qu'un droit impar-
fait , parce que l'inférieur ne peut exercer le droit
de contrainte à l'égard du supérieur.

4.° Dans les Etats monarchiques, il existe des
corps politiques établis pour éclairer la religion du
Prince , et faire parvenir jusqu'à lui les demandes
et les justes doléances de ses sujets. Si la Constitution

de l'Etat leur attribue le droit d'intervenir dans le gouvernement, leur autorité est la limite de l'autorité du Monarque, avec qui ils partagent, en certaines occasions, le droit de souveraineté. Mais dans les monarchies absolues, ces corps n'ont pas une autorité de jurisdiction à laquelle le Souverain puisse être contraint de déférer. Ils ont le droit de remontrer : là finit leur ministère : au Prince seul appartient la décision finale.

« S'il en était autrement » dit Charles IX dans un édit dressé par le chancelier de l'Hôpital, l'un des plus grands hommes d'Etat qu'ait eus la France, « l'autorité royale serait sujette aux volontés de ses » officiers, ce qui serait trop préjudiciable à la » majesté d'un Roi de France, laquelle est si pleine » et si absolue, qu'elle se laisse bien modérer aux » remontrances d'un sénat, mais non jamais s'y » assujettir. »

Telle était bien plus anciennement encore la Constitution de la monarchie française.

« Le Roi, dit Beaumanoir, est Souverain par- » dessus tous, et a de son droit le général garde du » Réaulme. Pourquoi il puet (il peut) faire liex, » (lois) établissemens comme il li plest pour le » quemun (commun) profict, et che que il établit » i doit être tenu. »

« Le Roi de France, dit Bouteiller, est Roi et

» Empereur en son Royaume , et il puet faire loi
» et édit à son plaisir. »

De l'aveu de l'abbé de Mably , les Etats de 1355,
qui n'étaient nullement disposés à se relâcher de
leurs droits, avouaient, comme un principe incontestable , que le Roi seul pouvait faire des lois.

C'est encore ce que prouve l'ancien style des édits
et ordonnances, *de notre certaine science, pleine
puissance et autorité royale. Voulons et nous plaît ;
Car tel est notre plaisir , ou notre volonté* (1). Formules que des légistes ignorans ont tenté de rendre
odieuses et qui n'étaient que des monumens res-
pectables de notre antique Constitution.

5.° Enfin dans tous les Gouvernemens constitués,
même dans les monarchies absolues, il existe des
lois fondamentales, dont le Prince ne peut jamais
s'écarter , et contre lesquelles toute sa puissance
viendrait se briser. Tout ce qui attenterait au mépris de ces lois sacrées, serait nul de plein droit,
parce qu'il y aurait non pas simplement abus , mais
défaut de pouvoir.

Prenons pour exemple la Constitution de la mo-

---

(1) « A ces causes nous avons volontairement et par le libre exercice de
» notre autorité royale , accordé et accordons , fait concession et octroi
» à nos sujets , tant pour nous que pour nos successeurs , et à toujours,
» de la Charte constitutionnelle qui suit. » *Préamb. de la Ch.* » (*N. de l'Ed.*)

narchie française. L'ordre de la succession au trône,
fondé sur une coutume plus forte que la loi même,
» parce qu'elle est gravée , comme s'exprimait
» l'avocat-général Bignon, non dans du marbre ou
» du cuivre , mais dans le cœur des Français ; »
la distinction et les privilèges des trois ordres ,
le Clergé , la Noblesse et le Tiers-Etat ; le droit particulier et les capitulations des différentes provinces ;
la nécessité du consentement de la nation pour les
impositions nouvelles ; l'enregistrement ou la pu-
blication des lois par les cours souveraines, au défaut
d'une acceptation faite en Etats-Généraux ; le droit
acquis à tout Citoyen de ne pouvoir être jugé que
par les tribunaux établis, et selon des formes reconnues ; l'inamovibilité des offices , sinon en cas
de forfaiture jugée ; l'inaliénabilité des domaines de
la couronne, etc. Telles sont les lois fondamentales
qui composaient le droit public de la France.

Ce n'est point à ces lois premières et constitutives
de l'Etat, que s'applique la maxime, *si veut le Roi,
si veut la loi* ; mais seulement aux lois secondaires
et d'administration, lesquelles reçoivent toute leur
force de l'autorité du Roi , lors même qu'elles sont
portées d'après le vœu unanime des trois ordres du
royaume. Le Roi ne règne que par la loi, *et n'a
puissance de faire toute chose à son appétit.* En lui
déférant la puissance législative pour tout ce qui a

rapport au gouvernement, la Constitution le soumet à des lois qu'il n'a pas faites, qui sont l'expression de la volonté nationale, soit à la naissance de la monarchie, soit à des époques plus récentes, et qui ne peuvent être abrogées que sur la demande, ou du consentement exprès de la nation convoquée et assemblée selon les formes antiques et légitimes. Plus d'une fois, nos Rois ont déclaré solennellement qu'ils étaient dans l'heureuse impuissance de violer ces lois constitutives.

Mais s'il arrive que le Prince entreprenne de porter atteinte aux lois fondamentales de l'Etat, quelle est la nature de la résistance qu'il est permis de lui opposer? quel en sera le terme?

Un Prince qui excède son autorité, ne la perd pas; et des lors, il n'est pas permis de lui résister à main armée. Les sujets n'ont pas le droit de guerre contre le souverain, à qui seul il appartient de disposer de la force publique. Il faut donc se borner à la résistance négative; il faut en refusant d'obtempérer à des ordres illégaux, conserver le sentiment et l'habitude de la soumission, dans tout ce qui n'est pas évidemment contraire à la Constitution de l'Etat. Car, pour les cas douteux, l'autorité qui a la possession, doit aussi avoir la provision. Il faut ne jamais oublier que le Souverain est le père commun, et comme un fils bien né ne se permet pas de résister à force ouverte aux volontés injustes d'un père, après avoir épuisé les prières, les remontrances, les protestations, il ne reste aux sujets que d'attendre le rédressement des torts dont ils se plaignent, ou du Prince mieux conseillé, ou de son successeur.

C'est par ce mélange de fermeté et de modération que les parlemens ont souvent arrêté les entreprises de certains Rois, trop épris du pouvoir arbitraire, et que, sans ébranler l'Etat, ils nous ont conservé jusqu'à ces derniers tems la Constitution française, sinon, dans toute son intégrité, du moins, sans autres altérations que celles qu'amènent presque nécessairement le cours des siècles, le changement des mœurs et l'instabilité des choses humaines.

Si, dans des conjectures difficiles, et même de nos jours, ces compagnies ont quelquefois dépassé les bornes que les lois du royaume prescrivaient à leur résistance, il ne faut en accuser que les principes de la Révolution qui, diversement modifiés selon le génie des tems, suscitèrent les factions des Bourguignons et des Armagnacs, allumèrent la guerre de la Ligue, fomentèrent les troubles de la Fronde, et qui depuis, à la faveur du philosophisme, se glissaient insensiblement dans l'esprit des jeunes magistrats, et y portaient l'amour des systêmes, et le mépris des anciennes maximes.

Mais, encore une fois, si le Prince ne fait servir

la force publique qu'à opprimer ses sujets, s'il dispose arbitrairement des propriétés, de l'honneur, de la vie des Citoyens, si en un mot, il gouverne en tyran, faudra-t-il encore se renfermer dans les bornes d'une résistance purement négative ? Ne sera-t-il pas permis, dans ce cas d'une défense légitime, de repousser la force par la force, de renverser une autorité dont l'abus serait si manifeste et si intolérable ?

Question odieuse, imprudente et inutile! Ce n'est pas en Europe, parmi les nations chrétiennes et dans nos Gouvernemens modernes, que s'élèveront des Phalaris et des Néron.

Les maximes d'une religion qui ne respire que la douceur et l'humanité, l'esprit général et les mœurs publiques adoucies par les lettres, les relations politiques et commerciales des différens Etats, la distinction et les droits reconnus des divers ordres de la société opposent une digue insurmontable à ce débordement de la tyrannie. Et en effet, parmi tant de milliers de Souverains, l'histoire de l'Europe compte quelques mauvais Princes ; mais dans aucun tems, chez aucun peuple, elle ne nous montre une succession de tyrans semblables au plus grand nombre des Empereurs romains.

C'est pour le cours ordinaire, et non pour des cas que l'on ne doit pas prévoir que sont faits les principes : *Ex his quœ fortè uno aliquo casu accidere possunt, jura non constituuntur.* (1)

Cependant, s'il arrivait que le Ciel, dans sa colère, plaçàt sur le trône un de ces monstres qui sont moins les Rois que les bourreaux de leurs sujets, il resterait un remède plus légitime et moins dangereux que la révolte : ce serait de donner au Prince furieux ou imbécille un tuteur qui gouvernerait en son nom. Cette mesure, dont nous avons un exemple dans notre histoire, assurerait la tranquillité publique, et conserverait le respect dû à la puissance souveraine. La loi, qui dans les monarchies héréditaires nomme un régent pendant la minorité du Roi, s'applique à tous les cas où le Souverain se montre incapable de gouverner par lui-même.

Enfin, pour suivre l'hypothèse jusqu'où elle peut aller, supposons un Prince forcéné, qui se déclare ouvertement l'ennemi de son peuple, et à qui l'on ne puisse opposer la mesure légale de l'interdiction, quelle sera dans ce cas extrême la ressource du peuple ?

ⸯ Je trouve la réponse à cette question dans les écrits des deux plus célèbres défenseurs de l'autorité royale.

« Si des sujets, dit Bossuet, ne doivent plus rien

---

(1) Digest. L 1. Tit 3

» à un Roi qui abdique la royauté, ou qui abandonne
» tout-à-fait le gouvernement, que penserons-nous
» d'un Roi qui entreprendrait de verser le sang de
» tous ses sujets, et qui las de massacrer, en ven-
» drait le reste aux étrangers? Peut-on renoncer plus
» ouvertement à les avoir pour sujets, ni se déclarer
» plus hautement, non plus le Roi et le père, mais
» l'ennemi de tout son peuple. C'est ce que fit
» Antiochus à l'égard de tous les Juifs (1). »

Guillaume Barclai, dans sa défense des Rois,
demande s'il ne peut exister aucun cas, où il soit
permis au peuple de se soulever contre un prince
qui abuse de son autorité. Il répond que le peuple
ne peut rien contre lui, à moins qu'il n'ait commis
quelque crime qui lui fasse perdre le droit et la qualité de Roi. Car alors, il se dépouille lui-même de sa
dignité, et il n'est plus qu'un homme privé.

« Mais, continue Barclai, je ne connais que deux
» cas, où un Roi se dégradant lui-même, perd le
» titre de son autorité. L'un arrive lorsqu'un Prince
» entreprend de renverser l'Etat, comme l'histoire
» le rapporte de Caligula et de Néron. Un Roi qui
» forme et manifeste un pareil dessein, abdique
» par-là même, et perd l'autorité qu'il avait sur ses
» sujets, comme un maître perd tout droit sur un

____

(1) Politique Sacrée.

» esclave qu'il abandonne. L'autre cas arrive quand
» un Roi soumet à une puissance étrangère le
» Royaume indépendant qu'il avait reçu du peuple
» et de ses ancêtres. En assujétissant contre son
» gré, un peuple dont il était obligé de défendre
» l'indépendance, il dénature essentiellement l'au-
» torité qui lui était confiée, il ne confère aucun
» droit à celui auquel il se soumet, et le peuple
» devenu libre à son égard, peut se gouverner
» désormais comme il juge à propos. »

Quoi qu'il en soit de cette seconde décision que
tous les publicistes n'adopteraient pas, s'il s'agissait
d'un Prince qui se verrait contraint par une guerre
malheureuse de se rendre tributaire ou vassal d'une
puissance étrangère, on peut avouer, avec Barclai,
qu'un Prince perd le droit et la qualité de Roi, lorsque, foulant aux pieds les lois civiles et les lois
constitutives de son Etat, il se déclare hautement,
comme dit Bossuet, non plus le Roi et le père, mais
l'ennemi de son peuple.

L'Etat est un vaisseau dont le Roi est le capitaine
et le pilote. Lui seul a droit de commander la
manœuvre. S'il parait s'écarter de la route, il faut
attendre qu'il y rentre de lui-même : les passagers
peuvent l'avertir de son erreur, mais non lui arracher
le gouvernail. Cependant, s'il est évident que toutes
les manœuvres tendent à faire briser le vaisseau
contre des rochers, dans ce moment d'un péril

imminent et général, le salut public, qui est la loi suprême, l'emporte sur la loi de l'obéissance qui, loin de sauver l'équipage, le ferait périr infailliblement. Ce parti extrême et toujours infiniment dangereux, ne peut-être justifié que par cette nécessité extrême qui ne connaît point de loi.

Les fautes de l'administration, la dissipation et le désordre des finances, les vexations particulières, en un mot, les passions et les vices du Souverain ne réduisent pas la société entière à cet état de danger évident, dont on ne puisse se garantir qu'en supposant le Prince déchu de son autorité. Il est certain, au contraire, que l'Etat sera continuellement en péril si le Peuple se croit autorisé à réprimer par la force tous les abus de la puissance souveraine; car de ce prétexte naîtront des partis et des guerres civiles plus funestes que les abus du Gouvernement. Il est de l'intérêt public, et par conséquent du devoir de tous les citoyens de supporter des maux partiels et passagers, plutôt que de s'exposer aux calamités effroyables qu'entraînent les révolutions et le bouleversement des Empires.

Du reste, autre chose sont les principes, autre chose est la marche ordinaire des affaires et des hommes. En principe, il faut tenir pour certain, que l'abus de l'autorité n'en détruit pas le titre, et par conséquent, qu'il n'est jamais permis de se révolter contre le Souverain. Mais d'un autre côté, ne serait-ce pas trop attendre de la faiblesse humaine, que d'espérer cette patience et cette soumission imperturbable, de la part de tout un peuple qui se verrait le jouet d'un maître barbare et insensé ? Est-il vraisemblable que les sujets injustement attaqués par la force qui doit les protéger , conserveront toujours la modération d'une juste défense ; la révolte ouverte sans devenir légitime, ne sera-t-elle pas la suite presque infaillible d'un abus si criant de l'autorité ?

Il n'est donc pas vrai, comme on l'a tant répété , que la doctrine de la soumission à l'autorité ne soit propre qu'à rassurer les mauvais Princes. Les Rois n'ignorent pas que les hommes sont plus souvent déterminés par l'intérêt de la passion que par les principes. Ils savent qu'un peuple poussé à bout n'est pas arrêté par des considérations morales, et qu'il ne prend conseil que de la haine et du désespoir. L'expérience de tous les tems a prouvé que la puissance outrée se détruit d'elle-même, *nec unquàm satis fida potentia, ubi nimia est* (1); que l'oppression provoque la révolte ; et que les crimes des Rois sont presque toujours punis par les crimes des peuples.

---

(1) Tacite.

Si le principe de la soumission contient les peuples sous les Rois bons, ou médiocres, malgré les abus inséparables d'une vaste administration, il est trop faible contre le ressentiment et la crainte, pour rassurer les mauvais Princes. Le peuple n'est heureux que par la soumission : mais le Prince n'est puissant que par la justice. Et comme on a vu que le véritable intérêt du peuple est de faire dépendre de sa prospérité la gloire et la sureté de ceux qui gouvernent, le véritable intérêt de ceux qui gouvernent est que le peuple trouve son bonheur dans l'exercice paisible de leur autorité.

Je finis ce chapitre, en observant que les questions délicates et pénibles, où m'a conduit le fil des idées sur le droit public, sont absolument étrangères à ce qui s'est passé dans la Révolution française.

Le prétexte éternel de tous les soulèvemens, l'oppression du peuple, a manqué à la révolte contre Louis XVI. Chaque année du règne de ce bon Prince avait été marquée par des bienfaits, par des réformes, par des établissemens utiles. Ses fautes même furent dictées par le vœu du peuple, dont il s'était fait une loi : la plus grande de toutes, fut d'avoir trop déféré, dans le choix de ses ministres, à cette voix publique qui n'est souvent que l'écho d'une cabale. Heureux lui et son peuple ! si plus jaloux des droits de sa couronne, qui étaient aussi ceux de la Nation, il ne les eût pas sacrifiés , l'un après l'autre , au désir de conserver la paix. Heureux ! s'il eût compris qu'un Roi doit aimer ses sujets d'un amour sans faiblesse, qu'il n'a pas trop de toute sa puissance pour les protéger, que la force des factieux s'accroît de tout ce que perd l'autorité royale, et qu'un Prince se flatte vainement de se replacer sur le trône, après en avoir descendu la première marche. *Regum majestatem difficiliùs à summo fastigio ad medium detrahi , quam à mediis ad ima præcipitari* (1).

______

(1) Tite-Live.

CHAPITRE VIII.

De la Religion , dans ses rapports avec l'Ordre social.

Jusqu'à présent nous n'avons envisagé la société civile que comme une institution humaine ; et nous avons reconnu qu'il était de l'intérêt des peuples que l'autorité souveraine fût inviolable. Cette doctrine est une conséquence immédiate du premier et du plus évident des principes politiques : le salut commun est la loi suprême : *salus populi, suprema lex*. L'inviolabilité du Souverain est moins une prérogative accordée au Prince, qu'un droit établi en faveur des sujets.

Voilà ce que nous apprend la raison éclairée par l'histoire de tous les âges , et surtout par l'épouvantable leçon que la France donne à l'univers. Mais la Religion , source de tous les droits, et principe de tous les devoirs, répand un nouveau jour sur cette précieuse vérité. Tous nos maux sont nés de l'oubli de ses maximes. L'ordre social s'est dissous, parce qu'on l'a séparé de la Religion ; ce ne sera qu'en l'y rattachant, qu'on parviendra à le recomposer.

Dieu est l'auteur de la société, puisqu'il a formé l'homme avec ces facultés, ces penchans, ces besoins qui le déterminent invinciblement à rechercher le commerce de ses semblables; il en est aussi le protecteur. Le monde qu'il a créé par sa puissance, il le gouverne par sa sagesse; et sans doute, il n'a pas abandonné au hasard, et soustrait à l'empire de sa providence le seul des êtres terrestres qu'il a rendu capable de moralité, et élevé jusqu'à lui par la connaissance et par l'amour.

Dieu est l'auteur de la société, en ce sens que la vie sociale est une conséquence nécessaire de la nature de l'homme et de ses facultés. Il n'est pas l'auteur immédiate de telle ou telle société, de telle ou telle forme de Gouvernement. Il a laissé aux Nations le droit d'établir le Gouvernement qu'elles jugeraient le plus propre à les rendre heureuses : leur liberté, à cet égard, n'est restreinte que par les lois de la Nature et de la Religion. Tout Gouvernement qui n'a rien de contraire aux lois divines est légitime, et tout Gouvernement légitime est sous la protection de Dieu.

La Souveraineté est de droit humain, parce qu'elle résulte immédiatement des conventions qui ont donné l'existence et la forme aux sociétés politiques. Elle est aussi de droit divin, ajoute Puffendorf, parce que la droite raison qui n'est autre chose que la manifestation de la volonté divine, a fait sentir aux hommes la nécessité de de ces conventions. A mesure que le genre humain s'est multiplié, les progrès de l'industrie, l'accroissement et l'inégale répartition des richesses, le conflit des intérêts, l'affaiblissement de l'autorité paternelle, l'oubli des traditions primitives, tout s'est réuni pour donner aux passions une activité plus dangereuse; et bientôt on a compris que pour faire observer les devoirs naturels, il fallait les mettre sous la protection d'un Gouvernement civil. L'institution de ce Gouvernement, et le pouvoir souverain, sans lequel il ne peut exister, entrent nécessairement dans les vues bienfaisantes et conservatrices du Créateur. Il est juste, dit encore Puffendorf, de rapporter à Dieu, non-seulement les établissemens faits immédiatement par son ordre, mais encore ceux que les hommes ont formés eux-mêmes d'après les lumières de la raison et la connaissance de leurs véritables intérêts.

Dans l'institution des Gouvernemens, il faut distinguer, ce qui est des peuples, et ce qui est de Dieu. Les peuples conviennent de la forme du Gouvernement: ils choisissent la personne en qui doit résider l'autorité souveraine ; mais ce n'est point d'eux, à proprement parler, que vient l'autorité: c'est Dieu qui la confère sur la présentation des peuples, et qui donne l'investiture du pouvoir. Tout pouvoir, toute autorité, toute jurisdiction émane de lui. A quel titre un mortel commanderait-il à ses égaux, s'il n'était délégué par le Roi de l'Univers? Quelle serait la source de ce droit terrible de vie et de mort que l'Etat exerce sur ses membres, s'il n'était fondé sur la concession justement présumée du souverain arbitre de nos destinées?

Auteur, protecteur, chef suprême de la société, Dieu établit le Prince son lieutenant, il lui met le glaive en main, pour la défense des bons, et l'effroi des méchans: il veut que sa personne soit sacrée : il se réserve à lui seul le droit de le juger. Témoin et garant du Pacte social, c'est en sa présence, et par son nom redoutable que le Souverain jure de gouverner, de protéger et de défendre le peuple, et que le peuple jure d'obéir au Souverain.

Par ce serment mutuel, le Prince et les sujets s'engagent envers Dieu, encore plus étroitement qu'ils ne se lient entr'eux. Leurs droits et leurs devoirs réciproques prennent un caractère plus auguste. L'intérêt de la chose publique se confond avec l'intérêt éternel du chef et de tous les membres de l'Etat. La rébellion et la tyrannie ne sont plus de simples crimes de lèse-majesté et de lèse-nation qui n'offensent que les hommes : ce sont des sacriléges proprement dits ; la rebellion, parce qu'elle s'attaque à Dieu même dans la personne de son représentant ; la tyrannie, parce qu'elle fait servir au mal un pouvoir qui vient de l'auteur de tout bien (1).

Toute puissance vient de Dieu : *non est potestas, nisi à Deo.* Maxime sublime, sur laquelle repose tout le système social, dont les sages de l'antiquité ont senti le besoin et entrevu la vérité, mais qu'il était réservé à la Religion chrétienne de mettre au-dessus des vains raisonnemens et des incertitudes de la philosophie !

Une puissance qui n'aurait d'autre principe que la volonté des hommes, serait trop précaire et trop incertaine ; ceux qui l'auraient donnée se croiraient à chaque moment en droit de la retirer. En vain pour l'affermir, on alléguerait le contrat primitif, et ce qu'exige la tranquillité publique. Il en coûterait peu pour rompre des conventions où l'on ne reconnaîtrait rien que d'humain, et qui n'auraient pour garans que ceux-mêmes qui les auraient faites. Les factieux ne manqueraient pas de prétextes empruntés de ce qu'ils appelleraient l'intérêt général. Après tout, la révolte serait une imprudence et non un crime.

Point de politique sans morale, point de morale

______

(1) Bossuet politiq.

sans Religion. Si Dieu n'est pas reconnu pour protecteur de la société, et vengeur du Pacte social, le peuple et le Souverain n'ayant point de législateur et de juge communs, ne sont unis que par l'intérêt et les convenances du moment. Sans la garantie de l'Etre Suprême, le Pacte social n'a rien d'obligatoire. Car toute obligation qui ne remonte pas jusqu'à Dieu, ne pénètre pas jusqu'à la conscience, et ne peut rien contre les passions.

Le monde moral ne peut pas plus se passer de Dieu, que le monde physique. La première loi sociale, la seule qui, dans tous les cas possibles, concilie l'intérêt personnel avec l'intérêt commun, c'est la volonté de Dieu, autant qu'elle nous est connue par la raison, et par la révélation qui est le supplément et le perfectionnement de la raison. Or l'une et l'autre, mais la révélation surtout, nous apprend que la puissance souveraine vient de Dieu, *non est potestas, nisi à Deo*, et que quiconque résiste à la puissance légitime, résiste à l'ordre établi par Dieu même ; *qui potestati resistit ordinationi Dei resistit.*

Dans la société politique, comme dans la société naturelle et domestique, toute puissance vient de Dieu, la puissance souveraine, aussi bien que l'autorité des pères, des maris et des maîtres ; et dans l'une et dans l'autre société, l'autorité doit tendre au bonheur de ceux qui obéissent; car le père et le maître du genre humain ne la confère qu'à la charge d'exécuter les vues, et de dispenser les bienfaits de sa providence.

Mais ce principe doit s'appliquer, surtout, au chef de la société politique, dont les membres originairement égaux, n'ont consenti à obéir que pour être protégés. Le Souverain n'est placé au-dessus de tous, que pour voir plus loin, et veiller à la sureté commune. Le pouvoir suprême dont il est revêtu, l'éclat qui l'environne, l'espèce de culte qu'on lui rend, l'onction qui le consacre, tout ce qui semble l'élever au-dessus de la condition humaine, ne lui est donné que pour le bien de ses sujets. Ce n'est pas pour lui, c'est pour eux qu'il est Roi. Son peuple n'est pas sa propriété; c'est une partie de la grande famille que le père commun lui a confiée. S'il ne connaît point de juge sur la terre, sa conscience le cite au tribunal redoutable de ce juge qui a reçu ses sermens, qui entend les cris de l'opprimé, et qui punit les Rois, et pour le mal qu'ils ont fait, et pour celui qu'ils ont laissé faire.

« Souvenez-vous, mon fils, disait Louis-le-Gros » mourant à son successeur, que l'autorité royale » n'est qu'une charge publique, dont vous rendrez » un compte rigoureux après votre mort (1). »

____

(1) Hénault.

D'un autre côté, la soumission s'ennoblit, quand elle se rapporte au Monarque suprême qui n'a établi les relations passagères de roi, de magistrat, de sujet que pour nous préparer aux honneurs de cette Cité immortelle, où l'on ne connaîtra de distinction que celle de la vertu. Tous les sacrifices que l'Etat peut demander au Citoyen, Dieu s'engage à les payer. Il acquitte la société envers la vertu, que les hommes ne savent ni connaître ni récompenser; et envers le crime que le secret, le crédit du coupable, ou la corruption des juges dérobent trop souvent à la vengeance des lois. Le dévouement à une mort certaine n'est plus une folie éclatante : c'est un devoir avoué par la raison, quand la Religion nous montre au-delà du tombeau le prix du sang versé pour la patrie.

Telle est l'idée que la Religion nous donne des prérogatives et des devoirs du Souverain. Dans ce système bienfaisant, tout se rapporte à l'intérêt des peuples; le respect, l'obéissance, la fidélité, sont pour les sujets des devoirs religieux, parce que l'autorité souveraine est une émanation de la puissance divine, et que les Rois, selon la belle expression d'un père de l'Eglise, sont *la seconde Majesté*. Mais aussi par un juste retour, de l'observation de ces devoirs dépendent la prospérité de l'Etat, la paix des familles, le bonheur de tous les Citoyens.

La raison nous fait sentir le besoin d'une autorité, et la nécessité de la soumission ; mais que peuvent ses froides leçons contre l'ambition et la cupidité ? La saine politique demandait que les peuples ne pussent jamais attenter à l'autorité souveraine ; mais la politique seule ne pouvait créer un devoir, et lier les consciences. Il fallait que la Religion attachât au trône de l'Eternel le premier anneau de la chaîne sociale, qu'elle montrât aux peuples les Rois comme les ministres et les images de la Divinité, qu'elle déployât tout l'appareil de ses menaces et de ses promesses, pour contenir la passion si naturelle et si dangereuse de l'indocilité. La Religion seule établit sur une base solide la tranquillité des empires, en plaçant, comme s'exprime Bossuet, le trône des Rois dans la conscience des sujets, et en nous forçant de convenir que la rébellion, quel qu'en soit le prétexte et le succès, n'est pas moins contraire à notre intérêt personnel, qu'à l'intérêt de la société.

Mais il ne suffit pas de contenir les peuples ; il faut que la puissance souveraine elle-même soit soumise à des lois ; et, comme on ne peut assujétir aux lois humaines une puissance de laquelle toutes les lois humaines empruntent leur autorité, il n'y avait que la Religion qui pût commander aux Souverains.

« Quand il serait inutile, dit Montesquieu, que
» les sujets eûssent une Religion, il ne le serait
» pas que les Princes en eûssent, et qu'ils blan-
» chissent d'écume le seul frein que ceux qui ne
» craignent pas les lois humaines puissent avoir.
» Un Prince qui aime la Religion et qui la craint,
» est un lion qui céde à la main qui le flatte, ou
» à la voix qui l'apaise. Celui qui craint la Reli-
» gion et qui la hait, est comme les bêtes sauvages
» qui mordent la chaîne qui les empêche de se
» jeter sur ceux qui passent : celui qui n'a point
» du tout de Religion, est cet animal terrible qui
» ne sent sa liberté, que lorsqu'il déchire et qu'il
» dévore. »

C'est ainsi qu'unissant par des nœuds indissolubles
l'intérêt général et l'intérêt personnel, la Religion
résout le grand problême de la politique, qui consiste
à faire dépendre du bonheur de tous le bonheur
de chaque individu.

Aprés avoir posé les fondemens de l'ordre social,
en imprimant le sceau de la Divinité sur le contrat
qui fixe les droits et les devoirs mutuels du peuple
et du 'Souverain, la Religion consacre toutes les
lois civiles en les incorporant dans son propre code.
Elle affermit les conventions des particuliers, en
interposant la garantie de l'Etre Suprême ; et dans
les causes de bonne foi, où la preuve juridique

manque, elle en appelle par le serment à ce grand juge qui voit tout, et que rien ne peut corrompre. La Religion est le ciment de la société : l'irréligion isole les hommes, divise les intérêts, et détache l'un après l'autre tous les liens qui unissent les Citoyens entre eux et avec le Souverain.

Il est impossible de concevoir un système de morale, sans une règle et sans un motif. La règle, c'est la volonté de Dieu, auteur de l'homme et arbitre de ses destinées : le motif, c'est le désir et le besoin du bonheur ; et ce bonheur, l'expérience de ce qui se passe sur la terre nous prouve qu'il n'est promis à la vertu que dans une autre vie. Tel est le lien qui attache inséparablement la morale à la Religion.

L'athée peut se faire un système de morale. Sa volonté en sera la règle, le désir du bonheur en sera le motif. Mais, qui m'assurera que sa volonté ne sera jamais contraire à mon intérêt, et que son bonheur, c'est-à-dire son plaisir, son ambition, ses passions en un mot, ne demanderont jamais que je sois malheureux ?

J'entends bien pourquoi l'homme qui croit un Dieu et une autre vie, peut sacrifier à son devoir ses goûts et son intérêt présent. Une grande récompense l'attend, une grande espérance le soutient. Mais il m'est impossible de comprendre par quel motif celui qui renferme dans cette vie toutes ses craintes et toutes ses espérances, se déterminera constamment à préférer son devoir à sa vie, à sa fortune, à ses plaisirs. L'homme religieux est inconséquent toutes les fois qu'il fait le mal : l'athée toutes les fois qu'il se refuse à un crime que demande l'intérêt ou la passion.

Quand on parviendrait à prouver que l'athéisme n'efface pas entièrement la ligne qui sépare le bien et le mal moral, il faudrait convenir, du moins, qu'il ne laisse subsister entre l'un et l'autre qu'une distinction métaphysique et stérile, puisqu'il dissipe et les craintes du vice , et les espérances de la vertu. Sans les espérances et les terreurs d'une autre vie, la vertu serait trop malheureuse, le crime serait trop heureux dans celle-ci : l'homme de bien se trouverait souvent sans encouragement et sans consolation, et le scélérat jouirait de la paix de l'ame, le seul bien qui lui manque souvent sur la terre.

Ces philosophes qui nous parlent d'une morale sociale, par opposition à la morale religieuse , et qui composent des Catéchismes universels, où la divinité n'entre pour rien, emplissent leurs livres de pompeuses maximes ; ils dissertent savamment sur la vertu et sur le vice ; ils exposent dans le plus bel ordre du monde tous les devoirs de la vie civile. Ils n'ont oublié qu'un point, c'est de donner un fondement à leur théorie, et des motifs à leurs préceptes.

Il est vrai qu'ils nous parlent sans cesse de la raison et de ses droits imprescritibles; mais qu'est-ce que la raison humaine séparée de la raison suprême, qui est la source de toute vérité? Notre raison, c'est nous-mêmes avec nos préjugés, nos passions. Ne reconnaître d'autre loi que la raison, c'est n'en admettre aucune.

Selon ces philosophes, la raison toute seule suffit pour éclairer l'homme sur ses devoirs; son intérêt seul l'éloigne du vice, et le conduit à la vertu : Il n'est pas besoin des peines et des récompenses d'une autre vie ; nous sommes infailliblement et constamment heureux par la vertu, et le vice ne manque jamais de porter sa peine avec lui-même. Hypocrisie et charlatanisme! Que ces philosophes, devenus tout-à-coup les maîtres d'une Nation, entreprennent de lui donner des lois et un Gouvernement, vous les verrez bientôt démentir cette confiance qu'ils semblaient prendre dans la raison et dans le caractère de l'homme. Ils ne se reposeront pas de l'exécution de leurs lois sur l'avantage manifeste que les peuples trouveraient à les observer. Ils appelleront la force à l'appui de leurs décrets, et à la honte éternelle de la philosophie, le Gouvernement, dont ils auront banni les espérances et les craintes de la Religion, ne se soutiendra que par la violence et la terreur.

En effet, la Religion et la législation s'aident et se fortifient mutuellement. Si l'on détruit la première, il faut remplacer son influence par des lois plus sévères, par une police plus active. Mais, quelques efforts que l'on fasse, une société d'Athées ne subsistera pas long-tems. Des hommes véritablement et profondément religieux pourraient vivre sans établir une société civile, mais la société civile ne ne peut se maintenir, si les passions ne sont contenues par le frein de la Religion.

La loi civile ne s'exprime que par des préceptes négatifs, c'est-à-dire qu'elle défend les actions qui troublent la société. Les préceptes affirmatifs, ceux qui commandent la vertu, n'appartiennent qu'à la Religion. L'une et l'autre disent : *tu ne tueras pas*; la Religion seule ajoute : *tu aimeras ton prochain comme toi-même*. La loi civile n'arrête que la main; la Religion atteint le crime jusque dans l'intention, dans le désir, dans la pensée. La vertu seule peut trouver grace à ses yeux : pour être irréprochable aux yeux de la loi civile, il suffit de n'être pas un scélérat.

La société ne peut sanctionner ses propres lois que d'une manière extrêmement imparfaite : elle ne sanctionne aucunement la plupart des lois morales. La Religion , qui montre à la vertu une récompense assurée , et au crime un châtiment inévitable , sanctionne parfaitement et les lois de la morale , et les lois de la société elle-même.

L'homme religieux est nécessairement un bon citoyen. Car l'amour de la patrie et le respect pour ses lois sont commandés par la Religion. L'Athée ne saurait être citoyen : il n'a pas une patrie, il ne connaît pas de loi. Dans ses principes, toutes les lois sont subordonnées à l'intérêt personnel, et chacun demeure juge, en dernier ressort, de ce qui constitue son intérêt. L'affection prédominante dans le cœur de l'Athée, l'affection à laquelle la raison même veut qu'il immole toutes les autres, c'est l'égoïsme, et l'égoïsme concentré dans les limites de cette vie. S'il se pare de quelques vertus de tempéramment et d'ostentation, il ne s'épargnera pas les crimes utiles; ou plutôt, il n'y aura pour lui ni crimes ni vertus. Les actions humaines, indifférentes en elles-mêmes, ne prendront un caractère dans son opinion, que d'après leurs rapports avec ses goûts, ses passions et son intérêt.

Encore une fois, la Religion est la loi première et fondamentale de toute société. C'est parce qu'ils étaient pénétrés de cette maxime, que tous les législateurs de l'antiquité, les Lycurgue, les Solon, les Zaleucus, les Numa, ont fait intervenir lès Dieux comme auteurs de leurs institutions politiques. Ils savaient, ces grands hommes, qu'en morale ce serait un cercle vicieux de vouloir contenir les passions par les passions toutes seules, et que le levier politique ne peut avoir de prise et d'action sur la terre, qu'autant qu'il a son point d'appui placé dans le Ciel.

Platon et Cicéron qui connaissaient toute l'absurdité du paganisme, et qui néanmoins y trouvaient une force réprimante que n'offraient point les systêmes des philosophes, établissent le culte et la crainte des divinités populaires comme la premiére loi de leur république idéale ; tant ils étaient persuadés qu'il ne peut y avoir de société bien ordonnée, sans une religion quelle qu'elle soit, et qu'il n'est pas moins difficile, comme dit Plutarque, de fonder un Etat sur l'Athéisme, que de bàtir une ville dans les airs.

Avec quelle joie, avec quelle reconnaissanc. les législateurs, les sages de l'antiquité auraient accueilli une religion épurée de toutes cçs superstitions dont leur raison s'indignait, et qui trop souvent les forçaient de composer avec le vice ; une religion qui convertit en dogmes populaires toutes les opinions utiles au genre humain ; qui décide avec autorité tout ce que la philosophie met en question, qui s'appuie sur des preuves tellement accommodées à tous les esprits, qu'elles convainquent le sage, et persuadent l'ignorant : une religion qui renforce tous les motifs de la vertu, qui resserre tous les liens de la société, et dont tous les préceptes ne tendent qu'à former de tous les hommes un peuple de frères et d'amis.

« Chose admirable ! dit encore Montesquieu, » la Religion chrétienne qui ne semble avoir d'autre » objet que la félicité de l'autre vie, fait encore » notre bonheur dans celle-ci.

» C'est la Religion chrétienne qui, malgré la » grandeur de l'empire et le vice du climat, a » empêché le despotisme de s'établir en Etiopie, » et a porté au milieu de l'Afrique, les mœurs de » l'Europe et ses lois.

» Que l'on se mette devant les yeux, d'un » côté, les massacres continuels des Rois et des » chefs grecs et romains, et de l'autre, la destruc- » tion des peuples et des villes par ces mêmes » chefs, Timur et Gengis-Kan, qui ont dévasté » l'Asie, et nous verrons que nous devons au » Christianisme, et dans le Gouvernement un » certain droit public, et dans la guerre un cer- » tain droit des gens que la nature humaine ne » saurait assez reconnaître.

Rousseau convient aussi que « nos Gouvernemens

» modernes doivent incontestablement au Christia-
» nisme, et leur plus solide autorité, et leurs
» révolutions moins sanguinaires. Ce changement,
» ajoute-t-il, n'est point l'ouvrage des lettres ;
» car, partout où elles ont brillé, l'humanité n'en
» a pas été plus respectée. » Triste et humiliante
vérité, dont les siècles futurs trouveront la preuve
écrite en caractères de sang dans les annales de
la Révolution française.

« Enfin, continue l'auteur de *l'Esprit des Lois,*
» de véritables Chrétiens seraient des Citoyens
» infiniment éclairés sur leurs devoirs , et qui
» auraient un très-grand zèle pour les remplir.....
» Plus ils croiraient devoir à la Religion , plus ils
» penseraient devoir à la patrie; les principes du
» Christianisme bien gravés dans le cœur seraient
» infiniment plus forts que ce faux honneur des
» monarchies, ces vertus humaines des républiques,
» et cette crainte servile des Etats despotiques. »
Pourquoi donc les législateurs de la Révolution
ont-ils persécuté avec tant d'acharnement cette
religion sainte et bienfaisante, qui avait civilisé
l'Europe, et à l'ombre de laquelle la France florissait
depuis tant de siècles ? Ils n'ignoraient pas que
le Christianisme se plie à toutes les formes de
Gouvernement, et que dans les républiques comme
dans les monarchies , il est le plus sûr garant de

la tranquillité publique et de l'observation des lois. Mais ils savaient aussi que cette religion, amie de l'ordre et de la fidélité, ne sait point se prêter à la rébellion, et qu'accoutumée dès son berceau à respecter l'autorité légitime, même dans ses persécuteurs, elle n'abandonnerait pas la cause d'un Gouvernement auquel elle était attachée par principes, encore plus que par reconnaissance. Une religion qui place sur la même ligne ce qu'on doit à Dieu et ce qu'on doit à César, était trop incompatible avec les projets des régicides. Pour attaquer le trône avec succès, il fallait renverser l'autel sur lequel il était appuyé.

D'ailleurs, le plan et l'exécution de la Révolution française sont en grande partie l'ouvrage du Philosophisme, trop long-tems enhardi par la faiblesse et l'imprudente sécurité du Gouvernement, trop encouragé par la protection sourde que lui accordaient des ministres sans vues et sans talens, en échange de la célébrité éphémère que leur promettait une secte adulatrice et vénale.

Des littérateurs dépourvus de génie, désespérant d'atteindre à la gloire des grands écrivains du siècle de Louis XIV, s'etaient fait un nom par l'audace et la singuliarité des paradoxes. Ils étonnaient les ignorans qui prenaient pour des découvertes de vieilles erreurs proscrites chez tous les peuples policés. Ils séduisaient les hommes vicieux, en remuant et flattant les passions les plus basses du cœur humain. Ils inspiraient aux femmes le goût du faux savoir, et le mépris des vertus modestes. Ils entraînaient sur-tout la jeunesse qui, depuis l'extinction d'une société que l'Église, l'Etat et les lettres ne peuvent assez regretter, étudiait la Religion dans Voltaire, la morale dans Helvétius, le droit public dans Raynal. Cette secte corruptrice faisait des progrès rapides dans une nation corrompue ; et l'homme d'Etat, ainsi que l'homme de bien, calculait avec effroi le dépérissement journalier de la Religion et des mœurs.

D'abord les philosophes n'avaient demandé que la tolérance : ils ne reclamaient que la liberté de penser que nos lois ne disputaient à personne, et qu'ils affectèrent de confondre avec la liberté d'écrire et de dogmatiser publiquement contre la Religion et la police de l'Etat. Mais l'arrogance avec laquelle ils prêchaient leur doctrine, le zèle fanatique avec lequel ils la propageaient, leurs manœuvres pour s'emparer exclusivement de l'opinion publique, annonçaient dès lors à tous les hommes clair-voyans, ce qu'a révélé la correspondance imprimée du Roi de Prusse avec d'Alembert et Voltaire, un dessein formé de détruire, par toutes les voies possibles, la Religion chrétienne.

Il fut aisé de voir , et Rousseau, qui les connaissait bien , avait prédit , en termes exprès , que , si jamais ils devenaient les plus forts , les philosophes seraient les plus intolérans des hommes. La révolution en a fait des législateurs , et aussitôt ils ont réduit leurs systèmes en décrets ; ils n'ont plus écrit contre le Christianisme , ils l'ont proscrit , et joignant à la cruauté de *Galerius* les artifices de *Julien* , ils ont ouvert la plus sanglante et la plus dangereuse persécution que la Religion ait essuyée depuis sa naissance.

Dans cette lutte à jamais mémorable de la tyrannie contre la conscience, de la philosophie contre le christianisme , le monde a reconnu la force divine de cette Religion qui , selon les promesses et l'expresse prédiction de son fondateur, sera toujours persécutée et toujours triomphante. La foi qui semblait s'être endormie dans le calme d'une longue paix , s'est réveillée sous le glaive. Le sang des Martyrs a coulé, et cette semence féconde ne sera pas perdue. Le culte dé la Religion catholique a été aboli dans toute l'étendue de la France. Ses Pontifes et ses Prêtres ont été massacrés , emprisonnés , bannis ou transportés sur des rivages barbares, ses autels renversés , ses temples démolis ou indignement profanés. Ces faux pasteurs, à qui le parjure les avait livrés , ont renversé de leurs propres mains cette église adultère qui trompait les peuples par sa ressemblance extérieure avec l'Eglise légitime. En un mot, la philosophie n'a pas laissé dans le royaume très-chrétien une seule trace du Christianisme. Mais, au milieu de tant de violence et de scandales, la Religion n'a pas péri ; elle a perdu son culte et conservé son esprit. Chassée de ses temples, elle s'est refugiée dans les cœurs, d'où elle brave la rage des tyrans. La tempête qui a dépouillé de son feuillage cet arbre antique, n'a fait qu'affermir ses racines ; la coignée qui a retranché des branches malades, s'est brisée contre le tronc ; et la séve plus concentrée prépare des rejetons vigoureux, qui remplaceront les rameaux flétris que le fer avait moissonnés.

Per damna, per cædes, ab ipso
Ducit opes animumque ferro.

Un jour viendra, qu'avec les seules armes qui lui sont propres, la patience, la vertu et la vérité, la Religion triomphera de ses persécuteurs, et brillera d'un nouvel éclat.

En attendant avec une ferme confiance le terme que Dieu a marqué aux épreuves de son Eglise, examinons quelles seraient pour la France les suites politiques de l'entière abolition de la Religion catholique.

CHAPITRE IX.

Réflexions sur l'abolition du Culte Catholique en France.

La Religion catholique, plus ancienne en France que la monarchie, était la religion dominante par le droit, et la religion nationale par le fait. Ses lois adoptées, protégées, sanctionnées par les Etats-Généraux, par les Rois, par les cours de judicature, avaient le caractère et l'autorité des lois de l'Etat. Ses ministres formaient un ordre dans la Constitution politique. Les droits respectifs de la puissance civile et de l'autorité ecolésiastique étaient fixés d'après les saines maximes de l'antiquité, et l'harmonie qui régnait entre les deux puissances affermissait l'un par l'autre l'empire de la loi, et celui de la Religion.

Dans une province du royaume, le Luthéranisme, en vertu d'une capitulation constamment respectée, partageait avec le Catholicisme les droits de religion dominante. Partout, le Calvinisme jouissait de toute la tolérance que demandent les droits de la conscience, et que permettait le bien de l'Etat.

Les édits rigoureux de Louis XIV étaient adoucis par la jurisprudence des parlemens, et cette secte inquiète était contenue sans être persécutée.

La France n'avait nul besoin de nouvelles lois sur la tolérance religieuse. Elle n'avait pas besoin surtout de cette maxime de la déclaration des droits de l'homme, art. 10 : « Nul ne doit être in- » quiété pour ses opinions, même religieuses, » pourvu que leur manifestation ne trouble pas » l'ordre public établi par la loi. » Maxime captieuse qui, confondant l'erreur avec la vérité, les nouveautés les plus dangereuses avec le culte de nos pères, ne permettait l'enseignement et l'exercice de toutes les religions, que pour enlever au Catholicisme le caractère de religion dominante et nationale, et préparer les moyens de la mettre en opposition avec l'ordre public établi par la loi.

En proclamant la tolérance illimitée de tous les cultes, l'assemblée constituante méditait la proscription du culte catholique. Par une marche hypocrite et insidieuse, de décrets en décrets, elle en vint à déclarer que la loi ne reconnaissait plus de religion ; ce qui emportait de la part de l'État une profession publique d'Athéisme. Cependant, il fallait encore user de quelques ménagemens, et pour dérober au peuple la vue de l'abîme où l'on le conduisait par degrés, on voulut bien lui laisser, pour quelque tems, les formes extérieures de la Religion, que l'on abandonna à des prêtres parjures et à des moines apostats.

De là, cette Constitution civile du Clergé, production monstrueuse du jansénisme et de la philosophie, qui ne tenait par aucun lien à la Constitution publique, et que l'on prévoyait bien devoir s'en détacher un jour.

De là, ce serment tyrannique qui enlevait aux peuples tous les ministres de la Religion fidèles à Dieu et au Roi, et ne leur laissait que ceux qui en abjurant l'Evangile, s'étaient déclarés les apôtres de la Révolution.

De là, les emprisonnemens, les bannissemens, les massacres de ces prêtres courageux que, dans les principes mêmes des nouvelles Constitutions, on n'a jamais pu convaincre d'autre crime, que de n'avoir pas voulu mentir à leur conscience.

Nul autre intérêt, que le dessein formé d'anéantir la Religion, n'avait pu inspirer à l'Assemblée constituante l'idée d'une innovation si impolitique. Déjà elle s'était emparée de tous les biens de l'Eglise, et cette usurpation n'avait excité aucun mouvement ; le Clergé s'était vu dépouillé de ses antiques et légitimes possessions, sans se permettre aucune plainte qui pût troubler l'ordre public.

C'en était assez, si l'on n'eût voulu que s'enrichir ;

mais l'assemblée portait ses vues plus loin : elle envisageait la spoliation du Clergé comme un moyen de l'avilir en le tenant à ses gages, et d'asservir la Religion elle-même, qui, en cessant d'être propriétaire, perdait de son indépendance. Et déjà, regardant l'Eglise comme une corporation municipale, elle ordonna que ses ministres seraient nommés par des assemblées séculières, ouvertes à ceux même qui ne professeraient pas sa doctrine. Elle changea, de son autorité absolue, la circonscription des paroisses et des diocèses ; elle troubla la hiérarchie en égalant les prêtres aux évêques dans les fonctions du Gouvernement, et en rompant les liens qui unissent les évêques au chef suprême de l'Eglise. Avec la Constitution civile du Clergé, le schisme fut décrété ; et, sur les ruines de la Religion catholique, on vit s'élever la religion constitutionnelle, qui n'ayant point sa racine dans les consciences, après s'être soutenue quelque tems à la faveur de la persécution, succomba sous le mépris des peuples, et consomma l'apostasie en se précipitant dans l'Athéisme.

Ainsi, la tolérance accordée à tous les cultes par la déclaration des droits de l'homme, s'est changée à l'égard de la Religion catholique en une intolérance barbare dont les fastes de la tyrannie ne nous ont pas laissé d'exemple ; et la France n'a plus eu de Religion, du moment que toutes les religions y ont été permises.

Mais, quelque mépris qu'ils affectent pour les opinions religieuses, nos législateurs philosophes ne tarderont pas à s'apercevoir que l'on ne peut pas toujours gouverner les peuples par l'enthousiasme et par la terreur, qu'un patriotisme exalté par la licence ne tient pas lieu de toutes les vertus domestiques et sociales; que les mêmes passions qu'ils ont su diriger contre l'ordre public, dans l'effervescence d'une révolution populaire, se tourneront infailliblement contre eux, dès que les esprits commenceront à se refroidir; et que si, pour désorganiser le royaume, ils ont eu besoin de débarrasser le peuple du frein de la Religion, il ne sera pas moins nécessaire de l'y soumettre de nouveau, pour donner quelque stabilité à leurs institutions. Rousseau lui-même leur apprendra « que jamais Etat ne fut fondé, que la Religion » ne lui servît de base (1). »

Un peuple qui perd la Religion, perd en même tems toute idée de morale, de justice et d'honnêteté. C'est moins par la réflexion que par le sentiment, moins encore par le sentiment que par l'habitude et l'éducation, que le peuple de toutes les condi-

____

(1) Contrat social.

tions apprend à connaître et à chérir ses devoirs. Les principes de morale qui sont des vérités éternelles pour le sage qui les médite, ne sont, le plus souvent, que des préjugés pour le vulgaire. La plupart des hommes, incapables de former leurs opinions, n'ont que celles qu'on leur donne. Or, il est de fait que le peuple n'est susceptible d'autre éducation morale que de celle de la Religion : et il n'est pas moins certain que la Religion seule peut légitimer ces préjugés salutaires, parce que son autorité est une raison qui, dans l'esprit des ignorans, tient lieu de toute autre raison. «Il ne faut pas, dit
» Montaigne, laisser au jugement de chacun la
» connaissance de son devoir; il le lui faut prescrire,
» non pas le laisser choisir à son discours. Autre-
» ment, selon l'imbécillité et variété de nos raisons
» et opinions, nous nous forgerions enfin des
» devoirs qui nous mettraient à nous manger les
» uns les autres. »

Les tyrans qui oppriment la France, cherchent dans l'Athéisme un asile contre le remords : c'est pour eux et pour leurs pareils que ce dogme affreux fut inventé. Mais enfin, l'intérêt même des tyrans demande que les esclaves ayent une religion; quelle religion ces apostats mettront-ils à la place de la Religion catholique?

Sera-ce le Déisme, c'est-à-dire ce petit nombre

de dogmes communs à toutes les religions qui, selon nos philosophes, suffisent à la morale, sans qu'il soit besoin d'y ajouter les dogmes particuliers au Christianisme?

Tel était le vœu de Voltaire et de sa secte. Tel est le projet souvent annoncé dans la tribune de l'Assemblée nationale. Mais on se trompe visible-ment, si l'on se flatte qu'un peuple à qui l'on a fait abjurer le Christianisme, peut continuer de croire à ces dogmes fondamentaux. On se trompe plus grossièrement encore, si l'on se persuade que cette religion prétendue raisonnable peut avoir sur la multitude l'influence nécessaire au bon ordre de la société.

A Dieu ne plaise que j'entreprenne d'ébranler la certitude de ces dogmes qui sont en quelque sorte le symbole du genre humain. Je sais, qu'indépen-damment de la révélation et des traditions puisées à la naissance du monde, la raison nous fournit des preuves de l'existence, de l'unité, des perfections d'un premier être, de sa providence, de l'immor-talité de notre âme, de la réalité d'une vie future, où la vertu recevra sa récompense, et le crime son châtiment.

Mais je sais aussi, et l'histoire de toutes les nations, l'exemple de tous les philosophes m'ont appris que ces vérités solennelles ont été, ou presque méconnues, ou étrangement altérées , par-tout où la lumière de l'Evangile n'a pas pénétré; et que , sur ces points si importans pour le bonheur de l'homme et pour la vertu , le Christianisme seul a mis fin aux disputes scandaleuses des philosophes , et fixé invariablement la croyance des peuples.

Il est incontestable que le genre humain doit à J. C. la connaissance des vrais principes de la religion naturelle. Quelques philosophes en avaient entrevu une partie, comme d'autres avaient soupçonné le mouvement de la terre autour du soleil. C'étaient des conjectures plutôt que des découvertes : leur doctrine demeura renfermée dans leurs écoles, et ne corrigea point les erreurs populaires. Celui-là seul est l'inventeur d'une vérité qui la prouve et qui la persuade. J. C. a prouvé par ses miracles les vérités fondamentales de la Religion et de la morale, comme Copernic et Galilée ont prouvé le mouvement de la terre par les observations et les calculs astronomiques.

Ce n'est pas par la voie de la philosophie et du raisonnement, c'est par l'autorité de la révélation, que le genre humain , si long-tems partagé entre la superstition et l'impiété, s'est élevé enfin à la connaissance du vrai Dieu. Détruisez cette autorité , ne donnez au peuple d'autres maîtres que les philosophes, et bientôt vous verrez renaître les incertitudes , les systêmes , les erreurs les plus monstrueuses.

Non , me répondront , avec l'auteur d'*Emile* , quelques philosophes hypocrites , ou plus modérés , nous ne voulons pas détruire la révélation , nous ne voulons que l'épurer , en la dégageant de ces dogmes incompréhensibles qui blessent la raison , et de ces institutions positives qui surchargent la morale de devoirs inutiles au bonheur des hommes :

« *Qu'on soit juste , il suffit, le reste est arbitraire* (1). » Nous rejetons les mystères et les rites du christianisme , mais nous conservons soigneusement tous les dogmes et tous les préceptes naturels de l'Évangile.

Si je raisonnais en Théologien , je demanderais à ces réformateurs, de quel droit ils font un choix parmi des vérités également révélées, et dès-lors également nécessaires ; et pourquoi, méconnaissant le principal objet de la Religion , qui est de nous préparer à la vie future , ils la réduisent à n'être que l'instrument de la politique , mais je veux bien moi-même ne l'envisager que sous ce rapport ; et je soutiens, qu'en séparant la Théologie

______

(1) Voltaire.

et la morale naturelle des dogmes et des préceptes particuliers au christianisme , on enlève à la Religion toute son influence sur les mœurs et sur l'ordre public.

La preuve n'en est pas difficile. Du moment que vous avez appris au peuple à ne plus croire tout ce que lui enseignait la Religion , il est évident qu'il ne croira plus rien sur l'autorité seule de la Religion, et qu'il ne vous restera pour le convaincre que la voie du raisonnement qui , en matière de Religion et de morale, n'a jamais conduit les Nations qu'à l'erreur. Le peuple pour qui tous les dogmes sont des mystères, tous les préceptes une gêne importune, ne respectera pas plus les dogmes et les préceptes naturels, que les dogmes et les préceptes révélés Il les respectera d'autant moins que vos raisonnemens , combattus d'ailleurs par les sophismes de l'Athée et du Matérialiste, ne seront pour lui qu'une métaphysique inintelligible.

Les dogmes révélés malgré leur incompréhensibilité , lui donnaient de la divinité une idée plus sensible et plus touchante que les dogmes naturels. Le Dieu du Christianisme était plus présent à son esprit et à son cœur, que le Dieu de la philosophie. *L'Être Suprême* est un objet de contemplation : *Le bon Dieu* , un objet d'amour. Les préceptes positifs forment nos mœurs et nos habitudes : ils nous préparent à la pratique des devoirs naturels : ils nous rappellent continuellement à la Religion que les affaires et les passions tendent sans cesse à nous faire oublier. De l'observation de ces préceptes naît la piété, et la piété nourrit et conserve la Religion, fait aimer la vertu, apprend à supporter les peines de la vie, que dis-je ? elle les convertit en biens ; elle agrandit l'ame, la remplit des plus doux sentimens, et la rend capable des actions les plus héroïques.

Une religion abstraite et philosophique ne fixerait point les esprits, n'attacherait point les cœurs. Elle n'aurait point d'empire sur l'homme, puisqu'elle ne serait que la raison de l'homme, c'est-à-dire l'homme lui-même, se créant à son gré un système de doctrine et de morale. Chacun y ajoutant ou en retranchant selon son caractère, ses goûts et ses idées, elle n'offrirait ni stabilité, ni uniformité, et dégénérerait pour les uns en impiété, pour les autres en fanatisme, ou en superstition. Quand nous accorderions qu'une pareille Religion peut suffire à un sage, on sent assez qu'elle ne peut convenir à la multitude ; et c'est à la multitude qu'il importe dans les vues de la politique de donner une Religion.

Il en est de la Religion comme des lois. Les lois naturelles ne suffisent pas toutes seules, pour maintenir l'ordre parmi les hommes, il a fallu y ajouter les lois positives , sans lesquelles les lois naturelles ne seraient, ni assez connues, ni assez respectées. Il faut aussi que les dogmes et les préceptes de la religion naturelle soient fixés , promulgués et consacrés par la religion positive. S'il n'y avait pas une religion positive et des lois civiles, les peuples ne connaîtraient ni lois , ni religion.

Pour soumettre le peuple à vos opinions, et lui donner ce que vous appelez une religion sociale , emprunterez-vous le langage de l'autorité , le seul qui soit à la portée du peuple ?

Mais , qui êtes-vous , pour que l'on vous en croie sur votre parole ? Le peuple croyait à ses prêtres , parce que ses prêtres lui parlaient au nom du ciel, et que leur mission était appuyée, non-seulement sur les préjugés de l'éducation , mais encore sur l'autorité de l'Eglise, c'est-à-dire , sur le témoignage d'une société répandue dans tout l'univers , qui atteste les faits authentiques et les dogmes divins que ses fondateurs lui ont transmis par une succession non interrompue , et qui, pour enseigner constamment la vérité, n'a besoin que de dire aujourd'hui ce qu'elle disait hier. Autorité la plus imposante qui puisse exister, et dont il semble que l'infaillibilité tiendrait à la nature des choses , quand elle ne serait pas fondée sur la promesse de celui à qui *toute puissance a été donnée dans le ciel et sur la terre !*

Mais, vous qui prétendez dicter des lois à la pensée, où sont vos titres? Quelle est votre mission? La raison, répondez-vous, et la vérité. Autant en ont dit les sophistes et les imposteurs de tous les tems. Dans ce siècle même, si fier de sa philosophie, ces dogmes précieux que vous voulez conserver, ont eu pour adversaires des philosophes qui prétendaient bien aussi n'enseigner que la vérité, et ne suivre que la raison. Et puis, il vous sied bien d'invoquer la raison ! vous qui ne l'avez déifiée, que pour consacrer sous son nom des turpitudes dont les peuples idolâtres auraient rougi, que pour associer à son culte le culte de Marat !

Supposons néanmoins, contre l'expérience de tous les peuples, que la raison ait assez d'empire sur la multitude, pour maintenir dans une nation la croyance des dogmes fondamentaux de la morale. Supposons qu'à la place du Christianisme il puisse s'établir une religion philosophique, où se trouvent tous les principes qui intéressent essentiellement l'ordre social, il reste à savoir quelle sera l'influence d'une telle religion sur les mœurs publiques.

D'abord, il faut poser comme une vérité constante qu'une religion, quelle qu'elle soit, ne peut subsister sans un culte extérieur. C'est par la Religion que le peuple tient à la morale, c'est par le culte qu'il tient à la Religion. La Religion consiste bien plus dans le sentiment que dans l'opinion; elle appartient plus au cœur qu'à l'esprit. Or, le sentiment a besoin de se produire et d'éclater par des actes extérieurs. Une grande partie des institutions est fondée sur ce principe. Le culte est donc l'expression naturelle et nécessaire des sentimens religieux. C'est encore un moyen puissant de réveiller ces sentimens dans la plupart des hommes sur qui des idées intellectuelles et morales auraient peu de prise, si on ne les leur présentait sous des images sensibles. Enfin, si la Religion, comme on ne peut en douter, est le plus sûr garant de la probité des hommes, il importe à la confiance générale, que chacun puisse avoir quelque assurance des principes de ceux avec qui il traite. Or le culte religieux est une profession publique des principes de la morale.

De tous les cultes connus, il n'en est point de plus propre que le culte catholique, soit à conserver les dogmes et à nourrir les sentimens religieux, soit à leur donner toute l'énergie que demande l'intérêt de la société.

Dans ces temples embellis des chefs-d'œuvre de tous les arts, dans ces fêtes majestueuses qui retracent les époques consolantes de la Religion, dans ces jours consacrés au repos et à la piété, le peuple oubliait ses peines et sa misère; c'était en se délassant de ses travaux qu'il s'instruisait, qu'il s'animait à la vertu. Tout se réunissait pour parler à ses sens, à son cœur, à son esprit. Le sang d'un Dieu qui coulait sur l'autel; cette table où le pauvre était admis à côté des grands de la terre, et qui n'était ouverte qu'à l'innocence, ou au repentir; cette chaire où siégeait la vérité, où se proclamaient les oracles du Ciel; ces bains régénérateurs, témoins du serment par lequel on s'était voué à la vertu en entrant dans le monde; ces tribunaux où l'on avait porté l'aveu et obtenu le pardon de ses fautes; ces cérémonies pompeuses et emblématiques qui soutenaient l'attention et fournissaient un aliment à la piété; ces cantiques sublimes et touchans, qui exprimaient si bien la grandeur et la bonté de Dieu, notre faiblesse et nos besoins: tout prêtait à la vertu des leçons, des motifs et des sentimens. Malheur à l'homme froid, au philosophe insensible, qui, sous le hautain prétexte de ramener tout à la raison, voyait sans émotion cet auguste appareil, et sortait de ces assemblées saintes sans en remporter le désir de devenir meilleur !

Outre ces rites journaliers, la Religion catholique en a d'autres qui sont appropriés à toutes les grandes époques de la vie humaine, qui sanctifient la naissance de l'homme, qui fortifient sa jeunesse, qui bénissent et consacrent l'union conjugale, qui soutiennent la faiblesse de la nature défaillante, et font luire l'espérance au milieu des ombres de la mort. Non contente d'accompagner ses enfans jusqu'au tombeau, cette religion tendre et affectueuse suit les ames fidelles dans le séjour qui leur est assigné par la justice, ou par la miséricorde divine; et, priant pour les uns, implorant les prières des autres, elle unit les vivans et les morts, la terre et le ciel par les liens de la charité; elle prolonge jusque dans les régions de l'éternité les rapports, les devoirs, les bienfaits de la société humaine.

L'histoire de la Révolution dira par quelles manœuvres infernales on est parvenu à détacher le peuple d'une religion consolatrice, dont il aimait le culte, dont il respectait les ministres; et comment la violence a consommé ce qu'avaient préparé l'hypocrisie et la séduction. Elle dira encore que, si les premières attaques des conjurés ont été dirigées contre la Religion, c'est la Religion qui la première, sortant de ses ruines, a ranimé l'espoir et le courage des amis de la royauté. La faible et perfide tolérance que les persécuteurs s'étaient vu contraints de lui accorder, avait suffi pour faire éclater dans toute la France un vœu qui a glacé d'effroi l'impiété et la rébellion. Le peuple , éclairé par le malheur, sent tout le prix de la Religion qu'il s'est laissé ravir : il la redemanderait à grand cris, si sa voix n'était encore étouffée par la terreur. Des lois atroces suspendent à peine le retour à ces senti-mens religieux , qui sont un besoin pour tous les hommes, et que tant de calamités ont encore rendus plus nécessaires aux innombrables victimes de la Révolution.

Des spectacles licencieux, des saturnales pa-triotiques, peuvent bien étourdir et distraire la multitude, mais non la consoler et lui apprendre à supporter ses maux. Le peuple serait Athée par conviction, qu'il serait religieux par sentiment. Il faudra bien enfin lui donner une religion , et cette religion, quoique l'on fasse , ne pourra se passer d'un culte extérieur et public.

Or, il est impossible, qu'après avoir aboli le Christianisme, les législateurs de la France établissent un culte qui réunisse la Nation , et l'attache inva-riablement aux principes religieux qu'ils auront cru devoir conserver.

Les pratiques du culte n'étant point fondées sur des raisons prises de la Nature , ne peuvent être déterminées que par des réglemens positifs , aux-quels la puissance civile ne peut imprimer le carac-tère de sainteté, et l'autorité dont ils auraient besoin pour se concilier le respect et la soumission du peuple. Il n'appartient qu'à Dieu de nous prescrire la forme de l'hommage qu'il exige, et de régler les conditions sous lesquelles il daigne traiter avec nous.

De là l'opinion répandue chez tous les peuples de l'Univers, que la Religion était descendue du Ciel. Opinion dérivée, sans doute, des traditions primitives, dont le fonds s'est conservé dans toutes les Nations, et justifiée d'ailleurs par les idées que nous donne la raison de la faiblesse de l'homme et de la bonté de Dieu. Opinion qui, pour les Hébreux et pour les Chrétiens, s'est changée en conviction, à la vue des prodiges et des preuves de tout genre qui constatent la mission de Moïse, et la divinité de J. C.

Cette opinion supposée, l'on conçoit facilement que les peuples se soumettent et s'attachent invariablement aux pratiques extérieures du culte religieux. Mais si on ne leur présente qu'un cérémonial institué par des hommes, la Religion ne sera pour eux qu'un réglement de police : ses lois ne seront que des lois civiles ; et dès lors l'Etat ne retirera plus aucun avantage de son influence sur les esprits. Une religion qui emprunte de la puissance civile toute son autorité, ne prête aucune force à la puissance civile. Le ressort de la Religion se brise dans la main du législateur imprudent qui veut le tendre et le diriger à son gré.

Une autre raison qui ne permet pas d'abandonner à la puissance civile l'institution du culte religieux, c'est que l'enseignement de la morale en est une partie essentielle, et que cet enseignement demande un ministère dont la mission et l'autorité soient indépendantes de la puissance civile. A ne l'envisager même que dans l'ordre politique, la morale n'est utile qu'autant qu'elle est vraie, invariable et revêtue d'une autorité qui commande à la conscience. Or, la morale n'a plus aucun de ces caractères, s'il appartient à la puissance civile d'en fixer les principes, et d'en régler l'enseignement.

La vraie morale est celle qui est fondée sur la nature de l'homme, sur ses rapports avec Dieu et avec les autres hommes. Loin de devoir son autorité aux lois civiles, les lois civiles ne sont justes qu'autant qu'elles ne renferment rien de contraire à ses principes. Il existe des règles de morale antérieures aux lois civiles, et supérieures non-seulement aux caprices et à l'intérêt des particuliers, mais encore aux délibérations et à l'intérêt politique des Nations : des principes éternels qui proscrivent le brigandage et l'assassinat, lors même qu'ils sont justifiés et décrétés par la loi civile. Or la morale n'aurait plus rien de certain, si elle n'avait pour fondemens immuables la raison, et la volonté de Dieu manifestée par la Religion. Elle n'aurait rien de constant, elle ne serait plus le lien du genre humain et la loi des législateurs, si chaque peuple se croyait en droit de la plier à son système politique. Elle ne parlerait pas à la conscience, elle n'ajouterait rien à la force obligatoire des lois civiles, et ne suppléerait pas à leur impuissance, si elle n'était elle-même qu'une branche de la législation.

On ne peut trop le répéter, parce que le fait est constant, et qu'une preuve de fait l'emporte sur tous les raisonnemens. Le genre humain, les philosophes eux-mêmes sont redevables au Christianisme d'une connaissance plus distincte, plus étendue, plus certaine de la morale et de la religion naturelle. C'est de l'Evangile, comme Rousseau l'a très-bien observé, que les principes de religion et de morale ont passé dans nos livres modernes, si supérieurs à cet égard, aux plus belles productions de l'antiquité. « Je ne sais pourquoi, dit-il » dans ses lettres de la Montagne, l'on veut attri- » buer aux progrès de la philosophie la belle mo- » rale de nos livres. Cette morale, tirée de l'Evan- » gile, était chrétienne avant d'être philoso- » phique. »

Mais cette morale, si pure, si sublime, si touchante dans la bouche de J. C. et dans les écrits de ses Apôtres, perdrait toute sa force, si on la séparait des dogmes et des faits dont elle emprunte ses motifs. Retranchez du Christianisme ce qu'il a de surnaturel et de divin, ce n'est plus qu'un système plus parfait, sans doute, que le Platonisme, ou le Stoïcisme, mais non moins exposé aux attaques des philosophes, et également incapable d'éclairer et de gouverner la multitude.

Je sais que les vérités morales sont plus anciennes que l'Evangile, et que des compilateurs laborieux, en rassemblant les maximes éparses dans tous les écrivains de l'antiquité, en ont composé une espèce de code qui renferme la plupart des devoirs de l'homme et du citoyen. Mais la rédaction tardive de ce code est elle-même un des fruits du Christianisme. Ces vérités isolées et perdues dans une foule d'erreurs, n'étaient que des étincelles trop faibles pour percer les ténèbres de la superstition, et les nuages de la philosophie. Le peuple n'en était pas éclairé, et quand elles auraient porté la lumière jusqu'à lui, à quel titre les philosophes eussent-ils prétendu le soumettre à leurs décisions? Avant l'Evangile, les vérités morales étaient donc généralement méconnues. Elles seraient bientôt oubliées, si l'on s'accoutumait à ne regarder l'Evangile que comme un livre philosophique.

Mais enfin, direz-vous, ces vérités sont connues,

même des enfans, et désormais il est impossible qu'elles se perdent.

Et moi, je dis qu'elles se perdront infailliblement, dès qu'elles auront cessé de faire corps avec le Christianisme. La raison dispute, la Religion commande. Le peuple qui est fait pour obéir, et non pour disputer, ne peut s'instruire qu'à l'école de la Religion. Les découvertes des géomètres, des astronomes et des physiciens se conservent indépendamment du nom et de l'autorité des inventeurs, parce que, une fois éclairé sur ces objets, la raison n'a pas à craindre que les passions viennent lui disputer des vérités qui ne les contrarient pas. Mais, quand il s'agit des vérités morales, les passions font continuellement effort contre la raison ; et dans ce combat inégal, la raison succomberait infailliblement, si l'autorité de la Religion ne venait à son secours.

C'est par l'autorité seule que J. C. a converti le monde. Sa doctrine, ses vertus, sa mort l'eussent placé parmi les sages, au-dessus de Socrate ; mais ce sont ses miracles qui lui ont soumis les peuples. L'esprit humain, si long-tems indocile à la voix de la raison, a plié sous le poids des faits. La raison a reconnu qu'elle ne pouvait commander aux passions, si elle n'obéissait elle-même à la Religion. La Religion toute seule a fait dans le monde entier, et parmi les Nations les plus barbares, ce que n'avait pu faire la philosophie dans les plus beaux jours de la Grèce, sur un petit nombre de disciples choisis.

Cet empire de la Religion sur les mœurs publiques se soutient après tant de siècles par l'enseignement irréfragable de l'Eglise. Un Gouvernement qui, par des gradations sagement ménagées, ramène tout à l'unité, imprime à cet enseignement le triple caractère de la certitude, de l'invariabilité, de l'autorité.

Les dogmes de la Religion, les principes de la morale sont fixés irrévocablement : l'Eglise elle-même ne peut y apporter aucun changement. Toute innovation dans la doctrine lui est interdite, et par ses principes et par sa constitution. Par ses principes qui la rappellent sans cesse à l'antiquité, à l'universalité, à l'uniformité : *quod semper*, *quod ubique*, *quod ab omnibus*. Par sa constitution qui reconnaît un tribunal souverain, où toutes les inventions humaines sont déférées et proscrites sans appel. Les oracles de ce tribunal, où siége le premier pasteur de chaque église particulière, fixent et éclairent la foi des plus ignorans. La voix d'un simple curé qui parle au nom, et sous l'autorité de son évêque, est la voix de toute l'Eglise ; et la voix de l'Eglise, est celle de J. C. qui en lui ordonnant *d'enseigner toutes les Nations*, lui a promis *d'être avec elle jusqu'à la consommation des siècles*.

Que ce ministère est beau! qu'il est bien assorti au caractère et aux besoins du peuple qui, dans l'ordre de la Religion, comme dans l'ordre de la société, demande à être conduit par l'autorité! Quand on ne verrait dans les ministres de l'Eglise catholique que *des officiers de morale*, comme on affectait depuis quelque tems de les appeler, combien ceux qui gouvernent devraient chérir une institution si propre à faire respecter leur autorité, si utile à la vertu, si favorable à la tranquillité publique!

La morale ne peut être enseignée que par les prêtres, parce que sans la Religion, la morale n'a plus ni principes, ni motifs. Rien de plus absurde et de plus puéril que l'idée de confier ce ministère aux officiers municipaux, et aux vieillards des communes, à des hommes souvent ignorans, quelquefois scandaleusement vicieux, qui n'auront d'autorité que celle de leur caractère personnel, qui ne s'accorderont ni entre eux, ni avec eux-mêmes, et dont les vaines déclamations et les faibles raisonnemens ne feront qu'accoutumer le peuple à disputer éternellement sur des vérités nécessaires que la Religion lui apprenait à croire.

Dans la bisarre institution du *Décadi*, l'impéritie de nos législateurs, et la petitesse de leurs vues ne se montrent pas moins que leur haine fanatique contre le Christianisme. Les fêtes chrétiennes avaient contribué plus qu'on ne peut dire à civiliser les Nations de l'Europe. Dans les tems de l'anarchie féodale, elles suspendaient par des trêves fréquentes les guerres particulières que la puissance civile ne pouvait réprimer. Elles rapprochaient, à des époques marquées, les habitans de divers cantons divisés par des animosités invétérées ; et les rassemblemens qui se formaient en ces occasions, contribuèrent infiniment au progrès du commerce et à la splendeur des villes, dont nos barbares ancêtres dédaignaient le séjour. Dans les tems plus modernes, les fêtes chrétiennes adoucissaient les mœurs des habitans de la campagne. Elles donnaient au peuple des idées d'ordre et de décence ; elles écartaient, par des pratiques et des sentimens de Religion, le danger de l'oisiveté parmi des hommes grossiers, naturellement portés à chercher le plaisir dans la débauche. Dans ses réjouissances, comme dans ses peines, le peuple a besoin de savoir qu'il est sous l'œil de la divinité.

Ces fêtes républicaines, que nos philosophes imitateurs ont empruntées de l'ancienne Grèce, ne conviennent ni à nos mœurs, ni à nos idées, ni à notre climat. Elles manquent essentiellement d'intérêt, parce qu'elles ne tiennent pas, comme chez les Grecs, à la Religion. Aussi, dans leur nouveauté même, elles n'ont amusé que la plus vile populace, et déjà elles trouveraient à peine des spectateurs, si la tyrannie n'en avait pas fait des lois, et si, au défaut de l'amour, la crainte n'amenait pas des adorateurs aux pieds de l'idole de la République.

Mais, en même tems qu'elle force le peuple français à célébrer des fêtes qui ne lui rappellent que des forfaits, la tyrannie directoriale lui interdit celles dont la conscience lui fait un devoir, et qui seules, au milieu de tant de malheurs, pouvaient soutenir son courage, et lui faire goûter quelques consolations. Le calendrier républicain constamment repoussé par l'habitude et par l'opinion publique, s'établit par la violence; et chez un peuple qui se dit libre et Souverain, dans un pays où la liberté de conscience est proclamée comme loi fondamentale, le Chrétien est forcé de donner au travail les jours que sa Religion consacre au repos et à la prière.

Combien est aveugle le fanatisme de l'irréligion! Pour effacer jusqu'au dernier vestige de la foi de leurs pères, les législateurs de la Révolution abolissent un calendrier qui, au mérite de l'exactitude astronomique, joignait l'avantage inappréciable d'être commun à toutes les Nations de l'Europe; et au risque évident de porter la confusion dans l'histoire et dans les transactions du commerce, ils imaginent une manière de compter les tems, et une nomenclature des mois qui ne peuvent convenir qu'au climat et aux productions de la France, et qui les séparent, en quelque sorte, de toutes les nations civilisées.

L'abolition du culte catholique en France emporte l'abolition de tout culte, de toute religion, de toute morale. Il ne faut pas comparer cette proscription du Catholicisme avec la révolution qui s'est faite au seizieme siècle, dans quelques Etats de l'Europe. Luther, Zuingle, Calvin ont porté à l'antique doctrine de l'Eglise des atteintes mortelles; mais ils ont respecté les principes fondamentaux du Christianime. Dans toutes les communions protestantes, l'Evangile a continué d'être révéré comme un livre divin. La Religion catholique a été proscrite dans quelques pays, et le Christianisme s'y est maintenu avec les vérités morales qui intéressent essentiellement l'ordre politique.

Mais en France, ce n'est pas à l'Eglise catholique seulement, c'est au Christianisme qu'on a déclaré la guerre; et avec le Christianisme tomberont tous les principes religieux et moraux. Car le Christianisme peut bien succéder à une autre religion, mais nulle autre religion ne peut succéder au Christianisme, parce que nulle autre religion ne présente des preuves plus solides, et des caractères de divinité plus éclatans. En vain, comme je l'ai déjà dit, l'on s'efforcerait de remplacer la religion révélée par le Déisme, le Théophilantropisme, ou la religion naturelle ; une doctrine qui n'a ni principes arrêtés, ni culte, ni ministres, ni autorité ne deviendra jamais une religion populaire.

C'était par le Christianisme, que le peuple tenait à ces premiers principes, que la philosophie n'a jamais su ni établir, ni défendre. Il croyait en Dieu, à la vertu, à une autre vie, parce qu'il croyait en J. C. et en son Eglise. Il n'abjurera le Christianisme que pour se plonger sans remords dans la plus grossière immoralité : il sera plus corrompu, sans être plus éclairé. Au lieu de croire par habitude des dogmes qui le contenaient dans le devoir, il adoptera sur parole, et sans les comprendre, des opinions qui laissent un libre cours à tous les vices. Encore, trouvait-il au fond de son cœur, et dans la voix de sa conscience la preuve de ces principes, ou si l'on veut, de ces préjugés, conservateurs de la vertu et de l'ordre social; tandis que ces opinions immorales et désastreuses, toujours en opposition avec les sentiment de la nature, et l'intérêt du genre humain, ne trouvent d'appui que dans le vœu, et l'intérêt momentané des passions.

« Moins la Religion sera réprimante , dit Mon-
» tesquieu , plus les lois civiles doivent réprimer ».
Donc, moins le Gouvernement , moins les lois civiles
seront réprimantes , plus la Religion doit l'être. La
France démocratique peut encore moins se passer
de Religion , que la France monarchique. Elle en
aura d'autant plus besoin , que plusieurs de ses lois ,
la loi du divorce nommément , tendent visiblement
à corrompre la morale publique , et que leur funeste
influence ne peut être corrigée que par les lois
sévères de la Religion catholique.

Si après la perte des mœurs publiques , il restait
encore quelque chose que l'on pût déplorer , je
citerais ces magnifiques établissemens que la charité
chrétienne avait multipliées dans toutes les villes du
royaume , en faveur des malades et des indigens ,
et dont les fonds ont été engloutis, dans le naufrage
des propriétés ecclésiastiques.

Je nommerais ces instituts, dont les membres se
dévouaient au soulagement de l'humanité souffrante,
et à qui une populace ingrate et stupide , a fait un
crime de cette Religion , dans laquelle ils puisaient
les motifs d'une bienfaisance au-dessus de la nature.

Je parlerais des sciences et des arts , qui doivent
tant au Christianisme , et particulièrement à l'ordre
ecclésiastique qui , dans les siècles de l'ignorance
et de la barbarie , nous a conservé ces langues et

ces monumens, dont l'étude a créé le goût, éclairé la raison, et développé le génie parmi les Nations de l'Europe.

Je rappellerais les immenses travaux et les brillans succès du Clergé de France, dans tous les genres de littérature. Je ferais voir que c'est aux espérances que présentait l'Eglise, à l'éducation qu'elle donnait, aux instituteurs qu'elle formait, que la France est redevable de la plupart des écrivains qui l'ont illustrée.

Je dirais enfin, qu'en France, comme en Italie, les beaux arts, l'architecture, la peinture, la sculpture, la musique ont reçu du culte catholique leurs premiers et leurs plus puissans encouragemens.

Mais, que servirait de faire entendre les cris des malheureux aux amis d'une révolution, qui doit tous ses succès à la cupidité, à l'ingratitude, à l'égoïsme, à l'oubli profond de tous les sentimens de l'humanité ?

Quels regrets, en faveur des sciences et des beaux-arts, pourrais-je inspirer à des législateurs dénués de goût, d'élévation, de sensibilité, qui, se rabaissant au niveau de la populace, impriment à leurs institutions le caractère de l'abjection, et bannissent du commerce de la société les égards, la décence, la politesse que les étrangers venaient étudier parmi nous ?

Que dirais-je à un peuple enivré de l'égalité, qui ne pardonne pas plus la supériorité des lumières et des talens, que celle du rang et des richesses; qui ne connaît plus d'autre gloire que de celle de la guerre, d'autre moyen de prospérité que le brigandage ; qui se console des horreurs de la famine, par les excés de la licence ; qui détruit dans ses villes les monumens du génie et de la bienfaisance de ses ancêtres, et croit se régénérer, en joignant à la corruption de ses anciennes mœurs, l'ignorance et la férocité des Vandales.

CHAPITRE X.

De la Tolérance.

Quel étrange contraste nous offrent les principes du Gouvernement républicain et l'état de la France, depuis la Révolution ! D'une part la liberté la plus étendue, de l'autre l'oppression la plus cruelle : un code qui consacre toutes les prétentions de la licence, une administration qui se joue de tous les droits de la Nature.

La déclaration des droits de l'homme portait que nul ne doit être inquiété pour ses opinions religieuses; et cette liberté indéfinie accordée à tous les cultes, est devenue le signal de la plus atroce persécution contre la religion nationale.

C'est ainsi que la liberté politique avait amené la servitude civile, que l'égalité des droits avait anéanti la propriété et la sûreté individuelle, que la souveraineté du peuple avait enfanté l'anarchie. C'est ainsi encore qu'avec la liberté de la presse, on a vu s'établir une inquisition qui punit de mort les écrits, les discours, les propos, jusqu'à la pensée.

Ces contradictions ne doivent pas nous étonner. Une législation trop molle ne laisse à ceux qui gouvernent que les ressources de la tyrannie. Quand la multitude n'est pas contenue par les lois, il faut qu'elle soit enchaînée par ses conducteurs.

On distingue deux sortes de tolérance, la tolérance théologique ou écclésiastique, et la tolérance civile. L'une envisage les cultes dans leur rapport avec la vie future; l'autre ne les considère que dans leur rapport avec l'ordre social. Le théologien examine une religion, pour savoir si elle est vraie ou fausse, si elle vient de Dieu, ou des hommes: le Souverain, pour savoir si elle est conforme ou contraire à l'intérêt et aux lois de l'Etat (1).

S'il existe une religion qui prétende remonter jusqu'à Dieu, et qui justifie son origine par des preuves auxquelles la raison ne puisse se refuser, il faut tenir pour certain tout ce qu'elle enseigne; et si elle enseigne que l'on ne peut être sauvé que par la croyance de ses dogmes, et la profession

-----

(1) J. J. ne blame les motifs qui décidèrent Henri IV à embrasser le Catholicisme, que parce qu'il ne veut pas distinguer la tolérance théologique de la tolérance civile. Comme particulier, Henri IV se fit Catholique, parce qu'il fut persuadé que c'était le seul moyen d'assurer son salut éternel, et comme Souverain, il rendit l'édit de Nantes en faveur de la religion qu'il quittait. (*Note de l'Editeur*).

de son culte, l'intolérance théologique fait partie de sa doctrine.

Cette intolérance est un des caractères du Christianisme et, parmi les communions chrétiennes, de l'Eglise catholique, pour qui la maxime, *hors de l'Eglise point de salut*, est un dogme fondamental; non que l'on soit coupable précisément pour être hors de l'Eglise, mais parce que c'est dans l'Eglise seule que se trouvent les moyens de salut.

Dans un ouvrage, où la Religion n'est considérée que sous des rapports politiques, il ne doit pas être question des preuves sur les quelles est appuyée cette maxime de l'Eglise catholique. Mais on ne peut se dispenser de répondre à ceux qui la présentent comme un dogme insociable, fait pour armer les peuples les uns contre les autres, et pour troubler la tranquillité des Gouvernemens.

L'intolérance ecclésiastique, ne tend ni à diviser les peuples, ni à troubler l'ordre social. Il est notoire que le Christianisme est plus propre qu'aucun autre système philosophique ou religieux, à réunir tous les hommes par les liens d'une charité universelle. Une religion qui nous apprend que tous les hommes sont frères; qui nous ordonne d'aimer notre prochain, comme nous-mêmes, et nous montre notre prochain dans le Samaritain, comme dans le Juif et le Chrétien ; qui nous fait un devoir rigoureux de la soumission aux Princes légitimes même hétérodoxes et persécuteurs ; qui ne veut conquérir que par la persuasion, et ne sait se défendre que par la patience ; une pareille Religion est bien éloignée de fournir des motifs, et même des prétextes de guerre.

Il serait trop injuste de rejeter sur elle les guerres faites en son nom, mais contre son esprit, contre ses préceptes les plus exprès, contre les maximes et les exemples des plus beaux siècles du Christianisme. Dans ces guerres même, où l'on faisait intervenir la Religion, les chefs de parti, comme l'observe Bayle en parlant de la Ligue et des Huguenots, n'étaient remués que par des intérêts politiques. Tant que les hérésies n'attaquèrent que les dogmes spéculatifs, les disputes se traitèrent dans les conciles, et les divisions de l'Eglise ne troublèrent pas la paix des Empires. Mais lorsque la sédition et l'usurpation se joignirent à l'erreur, lorsque les novateurs semèrent des doctrines qui tendaient à changer l'Etat politique des Nations, ou lorsqu'ils attaquèrent à main armée le culte et les possessions de l'Eglise, alors on vit l'Europe déchirée par des guerres atroces, où le parti le plus juste n'oublia que trop souvent les maximes de la religion qu'il défendait.

(237)

Montesquieu, Mably, Robertson, Raynal même
et Gibbon, tous les publicistes ont reconnu que
l'Europe doit aux principes et à l'esprit du Christianisme, non-seulement la douceur et la stabilité
de ses Gouvernemens, mais encore ce droit des
gens, qui a rendu les guerres moins fréquentes,
moins opiniâtres et moins désastreuses. Rousseau
l'avait dit en termes exprès dans l'*Emile*. Mais, dans
le *Contrat social*, il peint le Christianisme comme une
religion de discorde. « Ceux, dit-il, qui distinguent
» l'intolérance civile et l'intolérance théologique,
» se trompent à mon avis. Il est impossible de vivre
» en paix avec des gens qu'on croit damnés. Ne
» pas les haïr, serait haïr Dieu qui les punit. Il
» faut absolument qu'on les ramène, ou qu'on les
» tourmente. »

D'abord, la Religion ne nous ordonne pas de
croire que nous vivons avec les damnés. En nous
apprenant à juger les doctrines, elle nous défend de
juger les personnes. Elle nous ordonne non-seulement de désirer, mais encore d'espérer le salut de
nos frères, d'adorer les jugemens de Dieu sur ceux
qui périssent, et de croire que nul ne sera puni
pour des erreurs invincibles; enfin, de travailler
à notre salut, en faisant du bien à tous, même
aux infidèles, à l'exemple de *notre père céleste
qui fait luire son soleil sur les bons et sur les*

méchans. La Religion catholique enseigne que, hors de l'Eglise point de salut; mais elle nous apprend aussi, qu'on peut appartenir à l'Eglise, sans être dans sa communion extérieure; et tous les Théologiens, après St.-Augustin, reconnaissent que l'Eglise a des enfans cachés dans les sectes séparées de l'unité.

Dans le commerce de la vie, les hommes ne peuvent se demander compte de leurs opinions, qu'autant qu'elles intéressent l'ordre social; ils doivent laisser à Dieu le jugement de tout ce qui se rapporte uniquement à l'ordre surnaturel (1). Il ne faut qu'une mesure ordinaire de raison et de justice pour se sentir porté à estimer et à chérir ceux en qui l'on découvre les vertus et les qualités morales, quels que soient leurs sentimens sur le fait de la Religion.

Qu'il est peu digne d'un philosophe d'imputer à une religion, qui ne respire qu'indulgence et charité, les écarts d'un zèle atrabilaire, qui n'est jamais que le partage de ces caractères violens que le Christianisme même ne peut adoucir! Mais d'ailleurs, comment Rousseau n'a-t-il pas vu que ce trait lancé contre le Christianisme frappe égale-

---

(1) « Chacun professe sa religion avec une égale liberté, et obtient » pour son culte la même protection. » Art. 5 de la Charte. (*Note de l'Ed.*)

ment la religion naturelle qui ne peut admettre une autre vie, sans dévouer à la damnation ceux qui violent ses préceptes ? C'est avec la même inconséquence que les protestans accusent l'Eglise catholique de cruauté, eux qui excluent du salut, au moins les Payens, les Mahométans, et tous ceux qui ne croient pas en J. C.

L'intolérance ecclésiastique est un dogme qui appartient à toutes les religions. Les unes la restreignent, les autres l'étendent davantage; et pour décider sur ce point, il faut en venir à l'examen des religions elles-mêmes. Gardons-nous de prononcer sur les jugemens de Dieu, au gré des affections humaines ; tenons-nous invariablement à ce qu'il a daigné nous en révéler; et croyons fermement que, dans le séjour des vengeances divines, les peines seront tellement mesurées, que nul ne souffrira plus qu'il n'aura mérité, et qu'au grand jour de la manifestation, les réprouvés eux-mêmes reconnaîtront la justice de l'arrêt qui les condamnera.

L'intolérance ecclésiastique ne deviendrait dangereuse, qu'autant qu'elle se trouverait unie à des dogmes incompatibles avec l'ordre public. Mais la Religion catholique, dont il s'agit ici particulièrement, n'enseigne rien qui, dans les principes de tous gouvernemens légitimes, ne tende à resserrer les liens de la société civile.

Il est vrai que l'Eglise catholique s'attribue une autorité suprême, indépendante de toute puissance humaine ; et de là les philosophes ont conclu que l'Eglise était la rivale et l'ennemie naturelle de l'Etat.

Ce n'est pas ici le lieu de prouver que l'Eglise ne saurait se passer d'une autorité sans laquelle nulle société ne peut ni se former, ni se maintenir ; que cette autorité doit être souveraine en son genre, et indépendante de la puissance civile, parce que la Religion, comme la vérité et la vertu, étant faite pour tous les tems, pour tous les pays, pour tous les Gouvernemens, ne doit pas être asservie aux formes souvent opposées et toujours variables des diverses Constitutions politiques ; que destinée à sanctifier les hommes, même sous les Gouvernemens qui la méconnaissent, ou la persécutent, elle ne peut emprunter ses lois et sa police de ces Gouvernemens ennemis ; enfin, qu'ayant reçu de J. C. sa foi, sa morale, son ministère, c'est de lui seul qu'elle tient l'autorité nécessaire pour gouverner les consciences, et maintenir la pureté et l'unité de son enseignement.

Mais, en supposant, comme on le doit, cette autorité de l'Eglise souveraine dans son ressort, et pleinement indépendante de la puissance civile, je dirai quelle ne peut jamais en devenir l'ennemie ou la rivale, parce qu'elle en est essentiellement distincte, et par son but , et par les objets qui lui sont soumis, et par les moyens qu'elle emploie pour se faire obéir.

La puissance civile a pour but la paix et la prospérité de la société politique. La puissance ecclésiastique, étrangère aux intérêts temporels , conduit l'homme au bonheur d'une autre vie. La première exerce son empire sur les propriétés, sur les personnes et sur les actions , pour les diriger vers le bien général de l'Etat ; la seconde ne commande qu'à la conscience. Les propriétés ne sont point de sa jurisdiction. Elle n'a droit sur les actions , que pour défendre les crimes qui troubleraient le repos de la société , pour commander, au nom de Dieu , tout ce que la loi civile commande au nom du Prince , ou pour prescrire des actes religieux qui n'ont jamais rien de contraire aux devoirs du citoyen. L'une se fait obéir par la contrainte , l'autre ne connaît que la voix de la persuasion : toutes ses peines sont purement spirituelles , et n'atteignent ni la vie, ni la liberté, ni les biens. Car je ne parle ici que de cette jurisdiction propre et essentielle que l'Eglise tient de son divin fondateur, et qu'il ne faut pas confondre avec cette jurisdiction accessoire et empruntée qu'elle tient de la liberalité et de la sage politique des Souverains.

En deux mots, l'autorité ecclésiastique et l'autorité séculière sont deux puissances hétérogènes qui ne peuvent jamais se rencontrer, à moins que la loi civile ne commande expressément ce que la Religion défend. Mais alors la loi civile serait injuste et contraire, non-seulement aux droits de la conscience, mais encore au véritable intérêt de la société, lequel est inséparable du respect pour la Religion.

Je sais que l'ignorance et l'ambition ont souvent déplacé les bornes qui séparent les deux puissances. Mais ces bornes sacrées sont posées dans l'Evangile même, où J. C. déclare que son royaume n'est pas de ce monde, et qu'il n'a pas le pouvoir de partager un héritage entre deux frères. Elles ont été reconnues par toute l'antiquité ecclésiastique; et dans le siècle dernier, l'Eglise gallicane les avait raffermies inébranlablement.

Pour juger la religion catholique, l'équité demande que l'on consulte ses principes, et non l'abus qu'en ont fait les passions humaines. Or, dans les principes de la doctrine catholique, l'autorité de l'Eglise ne se trouve jamais en opposition avec l'autorité d'un Gouvernement légitime, et, sous toutes les formes de Gouvernement, la puissance ecclésiastique seconde les vues et fortifie l'action de la puissance civile, en imprimant aux lois politiques le caractère et la sanction des lois religieuses.

Quelques publicites proscrivent la religion catholique, parce quelle borne l'autorité du Souverain. D'un autre côté la foule des incrédules prétend qu'elle est le plus ferme appui de la tyrannie. Pour nous, faisant droit sur ces reproches contradictoires, nous en concluerons que la religion catholique est également favorable à la liberté des peuples et à l'autorité des Souverains, non-seulement par sa morale, dont la pratique assurerait infailliblement la prospérité des Empires, mais encore par sa constitution qui, l'élevant au-dessus des institutions humaines, apprend aux Princes les plus absolus, qu'il est un ordre de choses auquel toute leur puissance ne peut atteindre. Par-tout où l'on reconnaît une religion publique, il faut admettre une autorité spirituelle ; et, quand l'institution divine, quand l'universalité, qui est un des caractères de la vraie religion, ne placerait pas cette autorité hors de la société civile, la liberté des peuples demanderait qu'elle ne fut pas inséparablement unie avec la puissance séculière.

L'auteur de *l'Esprit des lois* prétend que la religion catholique convient mieux à une monarchie, et que la Religion protestante s'accommode mieux d'une république.

Je ne vois pas sur quoi porte cette opinion. Elle se trouve contredite par l'etat politique et religieux de l'Europe ; et si nous examinons la chose dans le principe, il est certain que, la doctrine et le Gouvernement de l'Eglise étant étrangers aux Gouvernemens politiques, la religion catholique se prête indifféremment à toutes les formes de Gouvernement, pourvu qu'elles soient légitimes dans leur institution, ou qu'elle le soient devenues par la prescription, et par l'acquiescement des peuples.

Tout ce que l'on peu accorder à M. de Montesquieu, c'est que parmi les communions protestantes, le Calvinisme incline plus vers la république, que vers la monarchie : la preuve en existe, non-seulement dans la constitution même des Eglises reformées, mais encore dans ce qu'ont fait ou tenté les Calvinistes à Génève, en Hollande, en Angleterre et en France. L'exemple de la Suisse, où la démocratie dominait dans les cantons catholiques, et l'aristocratie dans les cantons Calvinistes, ne dément pas cette observation. L'influence des principes religieux a été vaincue par d'autres causes plus puissantes, telles que l'étendue, la richesse, la population qui sont à l'avantage des cantons évangéliques et qui s'accommodent plus difficilement de la démocratie. Lucerne, l'un des plus considérables, était catholique et aristocratique.

Ce que j'ai dit de l'intolérance ecclésiastique suffit pour justifier le Christianisme et l'Eglise catholique en particulier, contre des reproches qui ne sont fondés que sur une fausse interprétation de sa doctrine. Cette intolérance est un des caractères essentiels de la vraie religion, avec qui l'erreur n'est pas moins incompatible que le crime, et qui nous donne des moyens aussi faciles et aussi certains pour distinguer la vérité, que pour connaître les devoirs de la morale.

Mais si la Religion proscrit les erreurs parce qu'elle est vérité, elle nous apprend à supporter les erreurs, parce qu'elle est charité. Loin d'armer contre eux la puissance séculière, elle resserre l'intolérance civile dans les bornes que lui prescrivent les règles d'une sage administration.

La puissance civile n'envisage la Religion que dans ses rapports avec l'intérêt de la société. Elle s'occupe moins de la vérité des dogmes que de leur influence politique. Mais, quoique la vérité d'une doctrine et son utilité politique soient deux choses distinctes, il faut néanmoins reconnaître, premièrement, que la vraie religion ne peut jamais être opposée au bien de la société; secondement, que tout culte, dont les dogmes et la morale seraient propres à porter le trouble ou la corruption dans l'Etat ou dans les familles, n'est pas le culte véritable. Car Dieu qui est le protecteur de la société politique, comme il est l'auteur de la Religion, ne peut vouloir que les devoirs de la Religion soient en opposition avec les intérêts de la société. Les vertus civiles et morales sont une partie essentielle du culte religieux.

De là naissent deux conséquences incontestables ; l'une, que la puissance civile n'a jamais le droit de proscrire la véritable religion, parce qu'il ne saurait y avoir de droit contre la vérité; l'autre, qu'une religion fausse n'a jamais un droit véritable à la protection de l'Etat, parce que l'erreur ne peut jamais fonder un droit proprement dit.

Mais d'un autre côté, la connaissance et l'intime conviction de la vérité n'autorise point à persécuter les erreurs. L'erreur n'est criminelle, que lorsqu'elle est jointe à la mauvaise foi; et celui-là seul peut juger de la bonne ou de la mauvaise foi, qui sonde les replis de la conscience.

De plus, l'autorité du Souverain ne s'étend pas directement sur la Religion, qui n'est pas le but primitif et principal de l'institution des sociétés civiles.

Troisièmement, la force publique dont le Souverain est dépositaire, ne peut être d'aucun usage en cette matière; car la force ne persuade pas, et sans la persuasion, il n'y a pas de religion. *Nec religionis est cogere religionem, quœ sponte suscipi debeat, non vi, cùm et hostiæ ab animo volenti expostulentur* (1).

Enfin, attribuer à la vraie religion le droit de contrainte et de persécution, ce serait inviter toutes les sectes à la revendiquer ; car il n'en est aucune qui ne se vante de posséder exclusivement la vraie religion.

Cependant, comme les principes religieux ont une grande influence sur les mœurs publiques, le Souverain peut et doit prendre connaissance des religions qui s'établissent dans ses Etats. Il est, en matière de religion, des opinions que le Souverain doit proscrire ; il en est qu'il doit protéger ; il en est qu'il peut abandonner à la conscience des citoyens.

Toute opinion qui tend à ébranler les fondemens de la morale et de la société, est un délit punissable. « L'existence de la divinité puissante,
» intelligente, bienfaisante, prévoyante et pour-
» voyante, la vie à venir, le bonheur des justes,
» le châtiment des méchans, la sainteté du Contrat
» social et des lois ; voilà, dit Rousseau, des
» dogmes sans lesquels il est impossible d'être bon
» citoyen, ni sujet fidèle. Sans pouvoir obliger
» personne à les croire, le Souverain peut bannir

-----

(1) Tertullien.

» de l'Etat quiconque ne les croit pas. Il peut le
» bannir, non comme impie, mais comme insociable,
» comme incapable d'aimer sincèrement les lois,
» et d'immoler, au besoin, sa vie à son devoir (1). »
Il peut décerner des peines, et même des peines
capitales contre ceux qui les attaquent publiquement, soit par des écrits, soit par des discours.

Outre qu'il est impossible de présumer la bonne
foi dans l'Athéisme, cette excuse ne peut disculper
aux yeux de la loi des erreurs manifestement
contraires à l'intérêt et au bon ordre de la
société.

Pour ce qui est des opinions que les religions
particulières surajoutent à ces dogmes fondamentaux, que l'on peut appeler aussi les dogmes civils,
le Souverain n'a droit de les proscrire sous des peines
afflictives, qu'autant qu'elles troubleraient l'ordre
public, ou qu'elles mettraient en danger la religion
de l'Etat, sans la remplacer par quelque chose de
meilleur.

Je dis la religion de l'Etat; car il est nécessaire
que, dans tout Etat policé, il y ait une religion
dominante, reconnue et protégée par la loi (2).

---

(1) Contrat social.

(2) « La Religion catholique, apostolique et romaine, est la religion de
» l'Etat. » Art. 6 de la Charte. (*Note de l'Editeur.*)

Il le faut, parce que l'Etat est une personne morale qui a des besoins, des intérêts, des dangers qui l'avertissent sans cesse de recourir à la divinité.

Il le faut, parce qu'un Etat ne peut subsister sans une morale publique, et que la morale publique ne peut avoir de meilleur fondement qu'une religion commune.

Il le faut, parce que s'il n'y avait pas une religion dominante dans l'Etat, la plupart des citoyens n'auraient aucune religion, et l'Athéisme social propagerait rapidemment l'Athéisme individuel.

D'ailleurs, la Religion, comme on a vu dans le chapitre précédent, demande un culte solennel, des temples, des ministres, et, par là, elle se trouve liée avec l'ordre public. Pour que les devoirs civils ne soient jamais contrariés par les devoirs religieux, il est indispensable que les deux autorités s'entendent et agissent de concert ; ce qui n'arriverait point, si la Religion ne formait pas un établissement public reconnu et protégé par la loi.

Enfin l'Etat, à qui il importe souverainement que tous les citoyens soient pénétrés des principes et des sentimens de la Religion, doit faire les fonds nécessaires pour les dépenses du culte divin(1), à

---

(1) » Les ministres de la Religion catholique, apostolique et romaine et » ceux des autres cultes chrétiens, reçoivent seuls des traitemens du trésor » royal. » Art. 7 de la Charte. (*Note de l'Editeur.*)

moins qu'il ne soit assez heureux pour trouver ces fonds tout faits, et assurés à perpétuité par la pieuse libéralité des générations précédentes. S'il fallait que chaque citoyen, après avoir acquitté les charges publiques, s'imposât encore pour l'entretien des temples et la subsistance des ministres, les établissemens religieux manqueraient de solidité, et il serait à craindre que la Religion ne devint odieuse au peuple qui, au lieu des consolations et des instructions que sa misère et son ignorance lui rendent si nécessaires, n'y verrait peut-être qu'un impôt onéreux, dont il serait continuellement tenté de s'affranchir.

Le Souverain doit à la Religion dominante toute la protection que réclame une partie si essentielle de l'ordre public, toute la faveur qui peut s'accorder avec les droits de la conscience. Il ne peut forcer ses sujets à la croire, ou à la pratiquer, parce que la Religion est le fruit de la persuasion, et que la persuasion ne s'opère pas par la violence. Mais il peut, il doit réprimer les novateurs qui, sans justifier d'une mission divine, dogmatiseraient publiquement contre la religion de l'État. Il doit punir ceux qui l'insultent et troublent l'exercice de son culte, ceux qui refusent de se conformer aux réglemens de police établis par les lois en faveur de la Religion.

Il peut même, selon ce que demandent les circonstances et le caractère des peuples , refuser à ceux qui ne professent pas la religion de l'Etat , certains avantages politiques , sans néanmoins attenter jamais au droit de propriété , et à la liberté civile , que la loi garantit à tous les citoyens. Si l'unité de religion dans un Etat est un bien politique, comme on n'en saurait douter, le Souverain que je suppose d'ailleurs persuadé , d'après un mûr et suffisant examen, que la religion dominante est la vraie, doit s'efforcer d'y amener ses sujets par toutes les voies possibles, hors la persécution et l'injustice.

Enfin , pour renfermer en un mot tous les droits et tous les devoirs du Souverain , à l'égard de la religion dominante, il peut et il doit faire pour elle, tout ce qu'il ferait pour les mœurs et pour la vertu ; parce que la Religion est le plus solide fondement et le garant le plus sûr de la vertu et des mœurs publiques.

La Religion et le Gouvernement sont deux puissances distinctes et séparées, mais qui doivent s'unir étroitement pour leur propre intérêt, et pour l'intérêt des peuples dont le bonheur leur est confié ; quelque différence qu'il y ait dans leur but immédiat et dans leurs moyens, ces deux puissances se prêtent mutuellement une force auxiliaire qui seconde merveilleusement leur action naturelle.

La Religion réprime les passions qui tendraient à
détruire l'autorité souveraine; l'autorité souveraine
doit, à son tour, réprimer l'impiété et punir
tous les actes extérieurs qui blesseraient le respect
dû à la Religion, ou tendraient à diminuer son
influence bienfaisante. Le Gouvernement doit protéger la Religion, comme la Religion défend le
Gouvernement. Les ennemis de l'une, sont toujours
les ennemis de l'autre :

« *Les Rois n'ont plus de trône, où Dieu n'a plus de temple.* »

Cette protection déclarée, que le Souverain doit
à la religion de l'Etat, n'est pas incompatible avec
une sage tolérance qui respecte la liberté des
consciences, et se garde bien de punir comme
des crimes d'Etat, des opinions erronnées, où
l'ordre public n'est pas intéressé. Le devoir du
Prince à l'égard de la Religion est rempli, lorsqu'il
a fait servir au triomphe de la vérité tous les
moyens de persuasion et d'encouragement que le
pouvoir suprême lui met en main.

Un zèle persécuteur n'est pas moins contraire
à l'esprit et aux maximes du Christianisme, qu'aux
principes de la politique, et aux droits de la
conscience.

« Vous ne savez pas à quel esprit vous appar-
» tenez; *nescitis cujus spiritûs estis;* » c'est-à-dire,
vous ne connaissez pas l'esprit de ma religion,

disait J. C. à ces deux Apôtres qui voulaient faire descendre le feu du Ciel sur une ville qui avait refusé de les recevoir. « Le Fils de l'Homme n'est » pas venu pour perdre les ames, mais pour les » sauver. » C'est par l'instruction et par des miracles de bienfaisance, jamais par des miracles de terreur et de punition, que notre divin Maître a établi sa doctrine. Il pouvait armer des légions d'Anges contre ses ennemis, et il est mort en priant pour ses bourreaux.

Tous les pères de l'Eglise ont enseigné hautement qu'il n'était pas permis d'user de violence en matière de religion. On a vu plus haut ce que pensait Tertullien. Origène, L'Actance, St.-Athanase ne s'expriment pas avec moins de force ; et ce qu'ont enseigné ces saints Docteurs, dans un tems où l'Eglise était persécutée par les Payens et par les Ariens, ceux qui leur ont succédé l'ont appliqué à l'Eglise elle-même victorieuse et triomphante, sous les Empereurs chrétiens (1). Sulpice Sévère blame les deux Evêques Idace et Ithace de s'être adressés aux juges séculiers pour faire

____

(1) La conduite des premiers Chrétiens n'était donc point, comme le prétend J. J., une hypocrite soumission qui cachait le désir d'usurper adroitement l'autorité, puisque le Christianisme victorieux n'a pas changé de langage. *(Note de l'Editeur.)*

chasser des villes les Priscillianistes. St.-Martin priait l'Empereur Maxime d'épargner le sang de ces hérétiques ; et, quand ils eurent été exécutés, St.-Ambroise et St.-Martin refusèrent de communiquer avec Ithace, qui s'était fait leur accusateur.

St.-Augustin écrit à un proconsul d'Afrique, pour le prier de ne pas faire punir de mort les Donatistes et les Circoncellions, et il finit sa lettre par ces paroles remarquables : « Quelque grand » que soit le mal qu'on veut faire quitter, et le » bien qu'on veut faire embrasser, c'est un travail » plus onéreux qu'utile d'y contraindre, au lieu » d'instruire. »

» C'est par la douceur et les exhortations, » écrivait le Pape St. Grégoire le Grand à un » Evêque de Terracine, qui persécutait les Juifs, » qu'il faut appeler les infidèles au Christianisme ; » il ne faut pas les en éloigner par les menaces » et la terreur. » Et dans une lettre aux Evêques d'Arles et de Marseille, parlant encore des Juifs : « il faut, dit-il, se contenter de les prêcher et » de les instruire, pour les éclairer et les convertir. » Dans un Concile de Tolède, tenu en 633, il est dit, que désormais on ne contraindra point les Juifs à professer la foi, « *qui doit être* » *embrassée volontairement, et par persuasion.* »

Le Roi Ethelbert , converti par Augustin, l'apôtre de l'Angleterre, eut bien voulu que tous ses sujets se fissent chrétiens; « mais, ajoute le véné-
» rable Bède, il ne contraignait personne, parce
» qu'il avait appris des missionnaires romains, que
» le service de J. C. doit être volontaire. »

« Nous pouvons exhorter tous les chrétiens à
» l'union, dit l'Empereur Constantin Pogonat, écri-
» vant au Pape Domnus, mais nous ne voulons
» contraindre personne. »

Je sais que ces principes ont souvent été mé-
connus, sur-tout dans les siècles d'ignorance, et que les passions humaines se mêlant à la Religion, ont enfanté le faux zèle et l'intolérance civile. Je conviens aussi que les Princes ont souvent abusé du droit incontestable qu'ils avaient de protéger l'Eglise , et, qu'au lieu de se borner, comme ils le devaient, à réprimer les attentats de l'hérésie , ils se sont permis quelque fois des violences qu'il est impossible de justifier. Enfin , j'avoue que parmi les ministres de l'Eglise , il s'est rencontré de ces *enfans du tonnerre* , qui semblaient avoir totale-
ment oublié à quel esprit ils appartenaient. Mais la doctrine de l'Eglise n'a jamais varié , et, pour en citer un témoin non suspect, le jésuite Mariana , en parlant d'un édit d'Emmanuel, Roi de Portugal, qui ordonnait que les enfans des Juifs seraient

enlevés à leurs parens, et baptisés, dit expressément que rien n'est plus contraire aux lois et aux coutumes de l'Eglise que cet étrange décret : *Insolens decretum, à legibus et institutis christianis abhorrens maximè.*

Jusqu'où s'etendent les droits de la conscience erronée? Quelles sont, à cet égard, les bornes de la tolérance civile ?

La conscience est un sanctuaire, où nulle puissance humaine n'est en droit de pénétrer : Dieu seul est juge des pensées. Mais si une conscience erronée se produit au-dehors par des discours, des écrits, ou des actes dangereux, la loi, sans blesser l'inviolabilité de la pensée, peut la réprimer par des peines proportionnées au délit.

Dans la déclaration des droits de l'homme, Art. XI, l'Assemblée constituante s'exprimait en ces termes : « la libre communication des pensées et des » opinions est un des droits les plus précieux de » l'homme. Tout citoyen peut donc parler, écrire, » imprimer librement, sauf à répondre de l'abus de » cette liberté dans les cas déterminés par la loi. »

Il était difficile d'accumuler, en moins de mots, un plus grand nombre d'idées fausses et incohérentes. La libre communication des opinions, où la liberté de la parole n'est pas un droit plus précieux que celui d'user de toute autre faculté naturelle ; et ce droit, comme tous les autres, doit être limité par les lois de la justice naturelle et civile, La liberté des mouvemens est certainement un des droits les plus précieux de l'homme, et cependant on n'a pas encore vu de législateur établir, comme un des axiomes de sa Constitution, que tout citoyen peut librement faire tous les mouvemens, c'est-à-dire, toutes les actions qu'il voudra. La dernière phrase de cet article XI détruit les deux premières. Car pourquoi qualifier de droit précieux, une faculté dont on reconnaît que le citoyen peut abuser ? Et que devient cette liberté de parler, d'écrire et d'imprimer, s'il faut en répondre dans les cas déterminés par la loi ? (1)

Un Gouvernement sage se gardera bien de laisser à la presse une liberté effrénée. Il connaît trop la légèreté, l'ignorance, la crédulité du peuple, pour

______

(1) L'article 8 de la Charte est bien plus sensé. Il ne dit pas que la communication des pensées est un droit naturel à l'homme ; mais il accorde aux Français le droit de publier leurs opinions en se conformant aux lois.

Quand les opinions sont dangereuses pour la religion dominante, pour la morale, ou pour le Gouvernement, la loi naturelle et la loi civile s'accordent pour en empêcher la communication ; et nécessairement le Gouvernement est le juge de ce danger, sans quoi il n'y aurait aucune barrière aux idées subversives de la société : sauf néanmoins à faire juger le délit par les juges, et suivant les formes établies par les lois. (*Note de l'Éditeur.*)

l'abandonner à cette tourbe de sophistes et de discoureurs qui se font un jeu cruel de confondre
l'erreur et la vérité, le vice et la vertu. Il regardera
son peuple, comme des enfans sans expérience,
qu'un père éclairé doit tenir éloignés de tout ce
qui peut les corrompre; et il ne permettra pas plus
l'enseignement public et indistinct de toute opinion,
que la vente et l'emploi de tous les poisons.

L'intérêt des sciences ne demande pas cette
liberté illimitée de la presse. Il reste au génie et à
la raison un champ assez vaste, même en leur
interdisant toute incursion contre la Religion et le
Gouvernement. Les systèmes de l'impiété et de
l'anarchie n'ont pas reculé les bornes des connais-
sances humaines. Que l'on place d'un côté Bacon,
Descartes, Galilée, Pascal, Malebranche, Locke,
Newton, Leibnitz, Boyle, Addisson; et de l'autre,
Spinosa, Tyndal, Woolston, Bolingbrocke, La
Mettrie, Helvétius, Diderot, et que l'on me dise
où sont les vrais philosophes. Buffon en serait-il
moins le peintre de la nature, si l'on arrachait de
son livre quelques feuillets, où la saine physique
n'est guères plus respectée que la Religion? Est-ce
par ses paradoxes, et ses fréquentes contradictions,
plutôt que par sa profonde sensibilité, et par la magie
de son style, que Rousseau s'est placé à la tête des
Ecrivains de son siècle? et ce Voltaire, qui a dû

à l'extrême licence de sa plume sa prodigieuse renommée, ne sera-t-il pas exclu par la postérité de
la classe des Philosophes ? Ne tiendrait-il pas dans la
littérature un rang plus distingué, si la plupart de
ses écrits n'étaient pas déshonorés par les calomnies,
les mensonges, les invectives que lui dictait sa haine
jalouse contre J. C. ?

Je placerai ici une observation que les gens de
Lettres, ceux du moins qui se sentent quelque talent,
ne devraient jamais perdre de vue. Si dans un siècle
frivole, raisonneur et corrompu, les productions
licencieuses sont applaudies, ce succès n'est que
pour un tems et pour un pays. La masse du genre
humain en revient toujours à la raison et à la vertu.
Rien n'est beau, durable et universel que le vrai.
Les chefs-d'œuvre anciens ou modernes qui forment
la bibliothèque commune de toutes les Nations ne
doivent rien à la licence des opinions : la Religion,
la morale, les lois y sont respectées. Observation
consolante pour l'humanité et honorable pour les
Lettres, qui prouve que le goût n'est pas étranger
à la vertu, et me persuade que ces livres philosophiques, si vantés de nos jours, ou ne passeront
pas à la postérité, ou n'en obtiendront que l'indignation et le mépris.

La tolérance civile ne doit s'étendre ni aux
dogmes éversifs de l'ordre social, ni aux cultes qui

troubleraient la tranquillité de l'Etat. Mais parmi les cultes qui diffèrent de la religion dominante, il faut encore distinguer ceux qui commencent à se montrer, et ceux que l'on trouve établis.

S'il s'élève une secte nouvelle qui divise les esprits, le Prince ne doit rien négliger pour l'étouffer dès sa naissance. Il est en droit d'imposer silence aux prédicans, et de les punir, sinon comme hétérodoxes, au moins comme perturbateurs du repos public. « Respectez et maintenez l'ancienne » religion, disait Mécène à Auguste, réprimez et » punissez les novateurs. Quiconque introduit un » nouveau culte, ouvre la porte à de nouvelles » lois, d'où naissent bientôt les cabales, les factions, » les conspirations (1). » Le Sénat de Rome tenait pour maxime, qu'il ne fallait rien innover dans la Religion, et il punissait avec rigueur tous ceux qui tentaient d'introduire dans la République les superstitions étrangères.

Cette règle souffre une exception que les Empereurs romains eurent le malheur de ne pas reconnaître. C'est lorsque la nouvelle religion s'annonce par des caractères manifestes de divinité; car le Prince n'a pas de droit contre la vérité, et quand Dieu parle, toute puissance humaine doit céder.

____

(1) Dion.

De son côté, la véritable religion instruit ceux qu'elle éclaire à respecter l'autorité du Prince, lors même qu'il en abuse. La maxime des Apôtres, qu'il faut obéir à Dieu plutôt qu'aux hommes, ne peut jamais troubler la paix de l'Etat, parce que l'obéissance due à Dieu laisse subsister tous les droits du Souverain, et que, dans le cas même où le Souverain commanderait ce que Dieu défend, la Religion ordonne de mourir plutôt que de se révolter contre l'autorité légitime.

Si le Prince trouve dans l'Etat des sectes toutes formées, dont la doctrine et les pratiques n'ayent rien de contraire aux principes d'un sage Gouvernement, il ne peut même, sous le prétexte de l'intérêt de la verité et du salut éternel, employer la violence pour ramener les dissidens à sa religion. Il doit non-seulement tolérer comme Souverain, ces cultes qu'il condamne comme particulier, mais encore les faire jouir de tous les avantages que le tems, des traités ou des concessions légales auraient pu leur assurer. Un Prince qui a le bonheur de connaître la véritable religion, ne peut s'empêcher de désirer avec ardeur que tous ses sujets partagent avec lui un si précieux avantage; mais il ne doit pas oublier que le zèle d'un Souverain n'a pas les mêmes règles que le zèle d'un missionnaire.

Dans certains Etats, on voit plusieurs religions

qui, étant également autorisées par loi, ont un culte public, et sont dominantes à l'égard de celles dont le culte n'est que toléré. Quelque soit la religion que professe le Souverain, il doit aux autres de les protéger, parce qu'elles font partie de l'ordre public, et de ne jamais permettre qu'elles se troublent mutuellement, ou qu'elles employent, pour se faire des prosélytes, d'autre voie que celle de l'enseignement et de la persuasion.

Tels sont, dans cette matière aussi délicate qu'importante, les principes qui m'ont paru dictés par la politique, et avoués par la Religion; et que je crois vrais d'autant plus volontiers, qu'ils sont également éloignés de cette intolérance fanatique et barbare,

» Qui prenant le faux zèle et l'intérêt pour guides,
» Ne sert un Dieu de paix que par des homicides,

et de cette indifférence sacrilége, qui tolère toutes les religions, parce qu'elle les méprise toutes.

Cette indifférence, ce mépris pour la Religion est un des caractères de la législation française (1), qui ne reconnaissant point de religion nationale et dominante, laisse une égale liberté à tous les cultes, les place tous hors de la Constitution, et rompt l'alliance qui, chez tous les peuples, et dans tous

----

(1) En 1799. (*Note de l'Éditeur.*)

(263)

les tems, **a** subsisté entre la Religion et la politique.

Mais, si la législation française se montrait indifférente à l'égard de toutes les religions, sous ce masque de l'impartialité, les législateurs cachaient une haine implacable et féroce envers la religion dans laquelle ils avaient été nourris, et dont la voix importune réclamait trop hautement contre leurs attentats. On n'avait pas encore vu un systême de persécution conçu avec tant de scélératesse, exécuté avec tant de barbarie. Mais le Christianisme se fortifie sous les coups de la persécution. En lui déclarant la guerre à outrance, les tyrans régicides n'ont fait que l'attacher de plus en plus à la cause de la monarchie. Cette religion impérissable triomphera de la République française, et les lys refleuriront à l'abri de la Croix (1).

---

(1) Heureuse prédiction que l'auteur n'a pas vu s'accomplir.

(*Note de l'Éditeur.*)

CHAPITRE XI.

De la Constitution décrétée en 1791.

A la vue de ces Révolutions périodiques qui en cinq ans, ont déjà donné trois Constitutions à la France, des observateurs superficiels croiront reconnaître l'inconstance et la légèreté de la Nation. Mais, si l'on veut remonter à la première cause de ces troubles toujours renaissans, on la trouvera, non dans le caractère national qui, au contraire, ne montra jamais tant d'énergie et d'obstination, mais dans les principes funestes qui ont donné le premier branle aux esprits, dans la déclaration des droits de l'homme, dans la Constitution rédigée par la première Assemblée nationale :

Hoc fonte derivata clades
In patriam populos que fluxit.

Cette Constitution annoncée avec tant de faste, accueillie avec tant d'enthousiasme, confirmée par tant de sermens, s'est écroulée d'elle-même. Elle a péri par un vice de conformation. Il est aussi inutile qu'il serait fastidieux de l'examiner dans ses détails. Mais comme elle conserve encore des partisans et des admirateurs, je ne puis me dispenser de jeter un coup-d'œil sur son origine, sur ses principes et sur ses résultats.

Considérée dans son origine, la Constitution de 1791 est criminelle, parce qu'elle est le fruit de la révolte (1); elle est nulle, parce qu'elle est l'ouvrage d'hommes sans mission, sans caractère, sans autorité. Ce sont les Etats-Généraux convoqués en

______

(1) L'auteur d'une brochure imprimée à Nantes, et intitulée *Aperçu de la Révolution française*, pose en principe que cette Révolution fut légitime, et voici comme il raisonne : « s'il est vrai de dire que les » Gouvernemens sont faits pour les peuples, et non les peuples pour » les Gouvernemens, il l'est également de proclamer que le peuple » français pouvait modifier, suivant ses besoins, le pouvoir qu'il avait » établi. Or, la maxime que les peuples sont faits pour les Gouver- » nemens serait absurde ; donc la Révolution fut légitime. »

Ce raisonnement est faux ; la première proposition en contient deux bien distinctes qui ne sont pas la conséquence l'une de l'autre, et qui ne sont pas également vraies. Personne ne nie que les Gouvernemens soient faits pour les peuples, mais il ne s'en suit pas que les peuples peuvent à leur gré détruire le Pacte social. La puissance paternelle est établie plutôt dans l'intérêt des enfans que dans celui des pères ; s'en suit-il que, suivant leur caprice, les enfans puissent se soustraire à l'autorité paternelle ? Pour que la Révolution française eut été légitime, il faudrait que le peuple, sans autres motifs que son caprice, eût eu le droit de s'insurger contre l'autorité légitime : maxime affreuse, et subversive de l'ordre social ! Il faudrait que l'assemblée constituante eut reçu de la nation entière le mandat spécial et formel de détruire l'ancienne Constitution pour en établir une nouvelle.

Mais, dit notre auteur, la Charte constitutionnelle justifie la Révolution. Cela n'est pas vrai : Le préambule de la Charte prouve le conen 1789, qui ont fait la Constitution décrétée en 1791. Or, les Etats-Généraux n'avaient pas les pouvoirs nécessaires pour donner à la France une nouvelle Constitution.

Les pouvoirs des Etats-Généraux étaient déterminés par l'antique Constitution du royaume, et par le vœu des provinces exprimé dans les cahiers que chaque assemblée bailliagère avait remis à ses députés, sous la religion du serment. Ouvrons ces cahiers, qui, malgré les innovations introduites par M. Necker dans la composition de ces assemblées, et principalement dans celles du Clergé, renferment la volonté libre de toute la France : nous trouverons dans le plus grand nombre des abus dénoncés, des réformes proposées, des améliorations indiquées ; mais tous les principes de la monarchie française reconnus et consacrés de nouveau par un acquiescement solennel de la Nation, la distinction des trois ordres de l'Etat, le respect pour la religion de nos pères, le maintien des parlemens et des autres tribunaux, la division des

---

traire. Louis XVIII a trouvé les fondemens de l'ancienne Constitution dispersés ou détruits ; il a fallu reconstruire l'édifice social, il l'a fait conformément aux tems ; mais la base fondamentale est restée fixée sur l'inviolabilité du monarque et l'imprescriptibilité de ses droits.

(*Note de l'Editeur.*)

provinces et la conservation de leurs coutumes et de leurs priviléges, la garantie des droits et des propriétés, nulle autre innovation que l'offre faite par les deux premiers ordres, de partager avec le troisième les impositions et les charges publiques.

Ces cahiers étaient pour les Députés, non une simple instruction, mais une loi impérieuse dont ils ne pouvaient s'écarter sans perdre le droit de représenter les provinces et les ordres qui les avaient délégués. Du moment où ces mandataires infidéles et parjures se sont proclamés législateurs, ils ont cessé d'avoir un caractère public. Les Etats-Généraux ont fini, et avec eux la mission des Députés. Le jour qu'ils se sont dits *Assemblée nationale*, ils n'avaient de titre que dans la convocation faite par le Roi, et dans les élections des bailliages. Or, l'assemblée convoquée par le Roi et formée par les élections des bailliages, n'était point une assemblée nationale; c'était une assemblée générale des trois ordres de l'Etat.

L'Assemblée nationale elle-même était si persuadée qu'elle excédait ses pouvoirs, que pour prévenir le reproche d'incompétence, elle crut devoir se déclarer *Assemblée constituante*. Comme si, pour acquérir un nouveau droit, et se mettre au-dessus de leurs commettans, il suffisait à des mandataires de se donner une nouvelle dénomination ! Comme si une assemblée même *constituante* pouvait changer la Constitution de son pays, je ne dis pas , sans le consentement exprès , mais contre la volonté clairement manifestée de toute la Nation ! C'est un axiome du droit et de la raison , qu'il n'est pas de plus grand défaut , que le défaut de pouvoir : *Non est major defectus quam postestatis.* Or, l'Assemblée nationale n'a jamais eu le pouvoir d'altérer la Constitution de la monarchie. Elle ne l'avait pas au moment où elle était formée en Etats-Généraux. Elle n'a pu se l'attribuer depuis, qu'en supposant qu'elle avait le droit de s'en investir elle-même : supposition trop absurde, pour mériter d'être combattue sérieusement.

Un raisonnement aussi simple , aussi concluant aurait dû, ce semble, ouvrir les yeux à toute la France. Mais déjà l'Assemblée nationale avait su s'environner d'une force contre laquelle le raisonnement ne pouvait rien. Toutes les passions, tous les petits intérêts s'étaient ralliés autour d'elle : la vanité du bourgeois, la crédulité du petit peuple, l'avarice des capitalistes , le demi savoir et la profonde corruption des gens de lettres, l'esprit séditieux d'une secte aigrie par ses anciens revers , et enhardie par les espérances que venait de lui donner un édit impolitique , le presbytéranisme soutenu par une autre secte qui , pour sortir du mépris où elle était tombée, n'aspirait qu'à donner de l'éclat à sa révolte contre l'Eglise ; enfin l'amour de la nouveauté , et cette inquiétude d'esprit si commune dans une nation frivole, plus faite pour sentir , que pour raisonner.

De tous ces élémens rassemblés , et savamment combinés par des mains scélérates , il s'était formé une opinion populaire que les factieux ne manquèrent pas de présenter comme le vœu national. Dès lors , la liberté fut bannie de la France. L'insurrection fut mise à la place de la délibération. Les hommes éclairés et vertueux se turent, ou ne furent pas écoutés. Les questions politiques étaient débattues dans les carrefours et dans les ateliers. Le nombre et la force décidèrent de la chose publique. Dans toute l'étendue du royaume, comme dans l'Assemblée nationale , les voix furent comptées par têtes ; et la majorité factieuse de l'Assemblée n'eut pas de peine à faire sanctioner ses décrets par la majorité ignorante de la Nation.

Pour couvrir la nullité originelle de la Constitution , et l'incompétence radicale de ses auteurs, on ne manquera pas de citer ces adresses innombrables qui venaient, à point nommé , de toutes les municipalités du royaume, ou provoquer, ou ratifier les décrets de l'Assemblée nationale. Deux réflexions décisives démontrent que ces adhésions ne doivent être comptées pour rien.

1°. Cette manière d'émettre le vœu national était

illégale, inconstitutionnelle , essentiellement nulle. La Nation composée des trois Ordres , s'était représentée par ses députés. Il ne lui restait que d'attendre l'exécution des mandats qu'elle leur avait donnés ; ou si elle jugeait à propos de leur faire passer de nouvelles instructions , il fallait que, de l'agrément du Roi , elle se réunit de nouveau en assemblées bailliagères. L'Assemblée nationale qui tenait ses pouvoirs et son être de ces assemblées mères , et qui redoutait leur surveillance , s'était hâtée de les proscrire. Par ce parricide politique, elle s'était affranchi de toute responsabilité envers ses commettans ; mais en même-tems , elle avait anéanti le seul titre qui pût légitimer ses opérations. Ces attroupemens de bourgeois , d'ouvriers , de paysans qui succédèrent aux assemblées bailliagères n'avaient pas plus le droit de voter sur les décrets de l'Assemblée nationale, qu'ils n'avaient le droit de représenter la Nation essentiellement composée du Clergé , de la Noblesse et du Tiers-Etat. Ils ne tenaient leurs pouvoirs prétendus que de l'Assemblée nationale, ils n'existaient que par elle , et d'après ses décrets ; c'était un cercle puéril, que de prétendre valider les actes de l'Assemblée nationale par l'adhésion des assemblées primaires.

2°. Personne n'ignore les intrigues, les manœuvres , les violences qui ont présidé à la rédaction de ces adresses adulatrices : la plupart, fabriquées dans les bureaux de l'Assemblée nationale, étaient colportées par des députés qui, cachant leur mission sous l'ombre d'un congé, parcouraient les villes et les campagnes, promettant, menaçant, séduisant et semant l'or à pleines mains. Des émissaires soudoyés travaillaient la populace : l'adresse retournait à l'assemblée, couverte de noms inconnus, et toute une ville apprenait par la voie des journaux, qu'elle avait voté une adhésion unanime à tous les décrets faits et à faire par l'Assemblée nationale. Il en est de ce vœu de toute la France en faveur de la Constitution, comme de cet hommage solennel rendu à la sagesse de nos législateurs par quelques misérables des faubourgs de Paris, payés pour se revêtir des costumes et se dire les ambassadeurs de tous les peuples de l'Univers.

Osera-t-on nous alléguer encore le serment prêté par la France entière de maintenir et de défendre la Constitution de 1791 ? Certes, il serait bien étrange que les auteurs de la Constitution en appelassent à la Religion du serment, eux qui, dès leur premier pas dans la carrière législative, ont foulé aux pieds le serment solennel qu'ils avaient prêté à leurs commettans ; eux qui ont rompu le lien du serment, en détruisant dans l'esprit des peuples les principes sacrés d'où il emprunte toute sa force ; eux, enfin, qui ont proscrit par un nouveau serment cette Constitution qu'ils avaient tant de fois juré de défendre jusqu'à la dernière goutte de leur sang.

Mais, pour répondre à ceux qui ne se font pas un jeu sacrilège des sermens et des parjures, je dis que le serment de maintenir la Constitution de 1791 est nul, et n'a jamais produit ni droit, ni obligation, parce qu'il a été commandé par la terreur, ou inspiré par la séduction. Il est nul, parce qu'il n'avait pas d'objet présent et déterminé, et que la Constitution n'existait pas, que toute la France avait juré de la maintenir. Il est nul et criminel, parce qu'il était contraire à la fidélité que tout Français devait à son Roi et à l'ancienne Constitution du royaume. On ne le justifie point, en disant que la nouvelle Constitution avait été acceptée par le Roi. D'abord il n'était pas au pouvoir du Roi de consentir et de légitimer l'abolition des deux premiers Ordres de l'Etat, et le renversement de la monarchie ; et puis cette acceptation extorquée d'un Roi prisonnier a été révoquée par une déclaration publique, au premier moment où il s'est cru libre.

Disons le vrai. Ces sermens si scandaleusement multipliés, et qui se détruisaient l'un l'autre, ne prouvent dans ceux qui les dictaient que l'abus de la force, et dans ceux qui les répétaient que l'enthousiasme, l'inconsidération, la faiblesse et la peur. Ajoutons, que, du serment de maintenir une Constitution populaire, il ne peut naître un engagement proprement dit. Toute promesse suppose deux personnes, dont l'une acquiert un droit, et l'autre contracte une obligation. Ici, le peuple promet à lui-même, et sa promesse ne le lie qu'autant qu'il le veut.

On dira, peut-être, que par ce serment chacun s'engage envers tous. Mais puisque tous ont la liberté de renoncer à l'engagement qu'ils ont pris, pourquoi ne me serait-il pas permis d'abord d'y renoncer pour ce qui me concerne, et de travailler ensuite à inspirer aux autres la volonté d'y renoncer comme moi? Il y a bien de la différence entre ces sermens populaires, et le serment qui liait les Français à l'autorité royale. Celui-ci donnait un droit réel à une personne et à une famille certaine. Ceux-là ne confèrent aucun droit qui puisse être reclamé par d'autres que ceux qui les ont faits.

La Constitution de 1791, nulle dans son origine, n'a donc pas été ratifiée par le consentement de la Nation. Dans l'état actuel des choses, elle a contre elle toutes les voix qui lui avaient donné une existence éphémère; et s'il faut compter pour quelque chose le suffrage d'une populace stupide et féroce, les constitutionnaires sont encore condamnés à ce tribunal qu'ils ont eu l'imprudence d'élever, et

18

dont ils ont consacré les arrêts, tant qu'ils ont su les dicter.

Voyons maintenant ce qu'il faut penser de la Constitution de 1791, considérée dans ses principes.

Par les principes de la Constitution, je n'entends pas seulement la liberté, l'égalité, la souveraineté du peuple, le droit d'insurrection, en un mot, la déclaration des droits de l'homme. Sur ce code de sédition et d'anarchie, il était impossible, comme je l'ai prouvé dans les premiers chapitres, d'asseoir un Gouvernement régulier et solide. Mais, outre ce vice fondamental, la Constitution portait dans son sein les principes d'une dissolution inévitable et prochaine. Je me borne à citer pour exemples deux dispositions capitales, l'une sur l'autorité du Roi, l'autre sur le pouvoir et sur les droits du peuple.

La Constitution reconnaît le Roi comme partie essentielle et intégrante du Gouvernement français. C'est en lui seul que réside le pouvoir exécutif. Il est le chef suprême de l'armée et des tribunaux, le représentant héréditaire de la Nation, et en cette qualité, membre nécessaire du corps législatif, dont les décrets n'ont force de loi, qu'après avoir été revêtus de sa sanction. Sa personne est inviolable. La responsabilité n'atteint que ses ministres. Telle est la part que l'Assemblée constituante, après avoir détrôné le Roi de France , daignait faire au Roi des Français. Mais on peut lui reprocher d'avoir fait pour son Roi constitutionnel trop , ou trop peu : trop si elle a voulu que la Constitution subsistât , trop peu , si elle a voulu conserver le Gouvernement monarchique. (1)

Quoique l'Assemblée constituante eût déclaré

---

(1) Il ne faut pas confondre la Charte constitutionnelle avec la Constitution de 1791. Louis XVIII n'est pas Roi des Français par la Charte constitutionnelle , il est Roi de France à titre d'hérédité ; il n'a pas accepté par faiblesse , il a volontairement concédé la Charte ; il n'en a pas pris les élémens dans les principes de la Révolution, mais dans l'ancienne Constitution, dans les monumens des siècles passés. Il est le chef suprême de l'Etat. Toute autorité émane de lui ; à lui seul appartient la puissance exécutive. Si la puissance législative s'exerce collectivement par le Roi et par les deux Chambres , le Roi seul propose, sanctionne et promulgue la loi. La Chambre des Pairs , représentant l'ancienne pairie , est essentiellement aristocratique . ses membres sont nommés par le Roi ; hors le tems de la session des Chambres , ils ne peuvent s'assembler que par les ordres du Roi. La Chambre des Députés remplace les anciennes assemblées des champs de Mars et de Mai, et les Chambres du Tiers-Etat ; elle a pour base la propriété ; elle est convoquée tous les ans par le Roi , qui peut la clore et même la dissoudre à son gré. Les Chambres n'ont qu'à voter sur ce qui leur est proposé par le Roi ; ils ne peuvent, tout au plus , que supplier le Roi de présenter une loi , et le Roi peut s'y refuser. La liberté civile , la sûreté individuelle , le droit égal aux emplois, la tolérance des cultes , la liberté des opinions se rencontrent dans la Charte constitutionnelle , non comme résultats de la Révolution française , mais comme principes du droit public. (*Note de l'Editeur.*)

souvent, et de la manière la plus solennelle, que le Gouvernement français était monarchique, il était aisé de voir que les principes et l'esprit de la Constitution inclinaient à la démocratie; et toutes les formes prescrites pour les élections étaient évidemment assorties au Gouvernement populaire. Or, dans un Gouvernement de cette nature, la royauté, avec toutes les prérogatives que lui attribuait la Constitution, était non-seulement un hors-d'œuvre, mais un principe toujours subsistant de divisions intestines. Le Roi et l'Assemblée législative formaient dans l'Etat deux puissances rivales qui, ne rencontrant aucun pouvoir intermédiaire qui les balançât et les tint en équilibre, n'auraient cessé de se combattre jusqu'à ce que l'entière destruction de l'une ou de l'autre nous eût conduit ou à la démocratie, ou à un despotisme d'autant plus absolu, que l'autorité du monarque n'aurait pas été tempérée, comme dans notre ancienne Constitution, par les priviléges des deux premiers Ordres, et par ces corporations puissantes dont les maximes et l'esprit héréditaire opposaient une résistance insurmontable aux volontés arbitraires du Souverain.

Mais, en établissant cette lutte perpétuelle entre le pouvoir législatif et le pouvoir exécutif, l'Assemblée nationale s'était ménagé une victoire certaine et facile.

Des dispositions particulières enlevaient au Roi toutes les parties de l'administration que l'idée générale de la Constitution semblait lui confier exclusivement. L'Assemblée qui avait divisé les pouvoirs, pour dépouiller le Monarque du pouvoir législatif, les réunit de nouveau pour lui ôter encore le pouvoir exécutif. Chaque jour était marqué par quelque nouvelle usurpation du corps législatif; et telle était, dans le fait, la Constitution de la nouvelle monarchie, que le Roi ne jouissait pas même des droits de citoyen. Spectateur oisif de tout ce qui se faisait en son nom, il était sur son trône, comme les Dieux d'Epicure relégués dans le Ciel et étrangers à la terre.

La nécessité de la sanction royale avait été décrétée; c'était l'unique barrière élevée par la Constitution contre le despotisme d'une Assemblée qui réunissait tous les pouvoirs. Mais à quoi se réduisait le droit de consentir ou de refuser dans un Roi prisonnier, pour qui chaque refus était suivi d'une émeute, à qui chaque émeute retraçait l'image sanglante de ses gardes massacrés à ses pieds? Et s'il avait le courage de rejeter, au péril de sa tête, des décrets impolitiques ou barbares, l'Assemblée qui disposait souverainement des finances, de l'armée, de l'opinion, ne pouvait-elle pas enlever au Roi constitutionnel l'usage d'une prérogative qu'elle ne lui avait accordée, que pour légitimer ses attentats. La volonté du peuple, dans les principes de la Constitution, n'est-elle pas la loi suprême? Et la volonté du peuple n'a-t-elle pas toujours été dans les mains des factieux, qui dirigeaient les mouvemens de la populace, et dictaient les délibérations de l'Assemblée.

D'une part, les hommes éclairés ne voyaient dans la Constitution qu'un alliage d'élémens inassociables, qu'un mélange incohérent des formes de la monarchie, avec l'esprit de la démocratie. D'un autre côté, la masse du peuple se plaignait hautement de ne pas y trouver toute la liberté dont on l'avait flattée.

La Constitution établissait deux classes de citoyens ; les citoyens actifs, qui seuls concouraient activement et passivement aux élections ; les citoyens inactifs qui, à proprement parler, n'étaient que sujets, et ne jouissaient pas du droit de cité. Ces deux classes étaient séparées par la quotité de l'imposition ; et quoique les décrets eussent étendu la classe des citoyens actifs beaucoup plus qu'il ne convenait à la bonne administration et à la tranquillité de l'Etat, on ne comprenait pas pourquoi dans les principes de la Constitution, tout Français, sans distinction de propriétaires et de non propriétaires, n'était pas reconnu pour citoyen. Comment, après avoir posé la maxime fondamentale, que tous les hommes naissent et demeurent égaux en droits, des représentans du Peuple souverain osèrent-ils prononcer que la plus grande partie du peuple n'aurait aucune part à l'exercice de la souveraineté ? Etait-ce la peine d'abolir ce qu'on appellait l'aristocratie de la naissance, pour y substituer l'aristocratie des richesses ?

Une pareille disposition ne pouvait subsister. Des démagogues forcenés, les chefs de la faction républicaine jetèrent le masque, se montrèrent au grand jour, et s'armèrent des principes de la Constitution, pour combattre avec avantage les constitutionnaires. En vain, la seconde législation avait pris pour devise : *la Constitution, toute la Constitution, rien que la Constitution*; elle se vit en-traînée par le torrent populaire. Toute distinction entre les riches et les pauvres fut abolie; la Constitution rayée du serment national, fit place à la liberté et à l'égalité républicaine. Un parjure avait élevé la Constitution, un parjure la renversa quelques mois après; et cette classe de propriétaires avides et imprévoyans, qui avaient applaudi à la ruine du Clergé et de la Noblesse, se vit à son tour maîtrisée par la populace, qui au même titre du nombre et de la force envahit tous les pouvoirs et toutes les propriétés.

C'est ainsi que, par une marche naturelle et nécessaire, la République en 1792 a pris naissance dans la Constitution de 1791, qu'elle s'est nourrie de son esprit, défendue par ses maximes, affermie par ses moyens. La Constitution est coupable, non-seulement des crimes qui l'ont établie, mais encore de ceux qui l'ont renversée, et de cet épouvantable enchaînement d'horreurs, dont il ne se trouve pas d'exemple dans l'histoire des tems les plus malheureux et des nations les plus barbares.

Cependant, si nous voulons écouter ses partisans, la Constitution ne respire que l'ordre, la liberté, la sûreté personnelle, le respect pour les propriétés. La France eut toujours été paisible et florissante, si l'on eut suivi ses dispositions, si les décrets eussent été ponctuellement exécutés. Les pillages, les incendies, les massacres sont les crimes des factieux qui ont renversé la Constitution et proclamé l'anarchie sous le nom de république.

Vaine et misérable apologie! D'abord je demanderai aux auteurs de la Constitution, si, en prenant sur eux la commission hardie de donner à la France de nouvelles lois et un nouveau Gouvernement, ils ne sont pas devenus responsables de toutes les suites d'une entreprise si téméraire. Avant de porter le marteau sur l'antique édifice où nous reposions, il fallait en avoir construit un autre tout prêt à 'nous recevoir; il fallait du moins empêcher que nous ne fussions écrasés sous les décombres. Dans les réformes politiques, une théorie éblouissante est l'ouvrage d'un écolier. L'homme d'Etat est celui qui sait prévoir et calculer tous les obstacles que l'intérêt, l'esprit de corps, les préjugés, les passions de tout genre peuvent opposer au plan le plus sage et le mieux concerté. On se moquerait d'un artiste qui, dans la construction d'une grande machine, ne voudrait suivre que les principes abstraits de la géométrie, sans égard aux frottemens et à la résistance des milieux. En mettant leurs conceptions à la place des institutions de nos pères, les réformateurs s'obligeaient non-seulement à nous donner des lois meilleures, mais encore à les faire exécuter. « Il est bien aisé d'accuser d'imperfections une » police ; car toutes choses mortelles en sont » pleines. Il est bien aisé d'engendrer à un peuple » le mépris de ses anciennes observances. Jamais » homme n'entreprit cela, qu'il n'en vint à bout. » Mais d'y rétablir un meilleur Etat, en la place » de celui qu'on a ruiné; à ceci plusieurs se » sont morfondus de ceux qui l'avaient entre- » pris (1). » Pour se dire législateur, il ne suffisait

____

(1) Montaigne.

pas aux légistes et aux beaux esprits de l'Assemblée constituante de faire des décrets ; il fallait savoir les accommoder tellement à toutes les circonstances physiques, morales et politiques, que la Nation trouvât son intérêt à les observer. Tout système de législation qui ne soutient pas cette épreuve, est le produit d'une présomptueuse et criminelle impéritie.

Or, la Constitution de 1791 n'a jamais été observée; elle n'était déjà plus, qu'on la faisait encore. Il n'en faut pas davantage, la Constitution est jugée. Qu'ai-je besoin d'entendre ces discoureurs, qui s'offrent à me demontrer qu'elle est plus parfaite que notre ancien gouvernement ? Un mot répond à tous les raisonnemens. Le Gouvernement français, tout barbare que vous le dites, a subsisté avec gloire pendant quatorze siècles; votre sublime Constitution n'a pu se soutenir pendant quatorze mois.

C'était déjà pour l'Assemblée constituante un crime impardonnable, que d'avoir sacrifié le bonheur et la tranquillité de l'Etat à sa vanité, à son ambition, à l'incertitude des événemens. Mais ce qui la dévoue à l'exécration de la postérité, c'est que tous les forfaits commis depuis le moment fatal où elle s'est emparée du gouvernail, ne sont que l'imitation fidelle de ses manœuvres, l'application de ses maximes, le développement des germes d'anarchie, d'irréligion et d'immoralité qu'elle avait semés dans sa Constitution.

Est-il besoin de prouver que l'Assemblée constituante a donné le premier exemple de la rébellion, qu'elle a provoqué, encouragé, récompensé le pillage des châteaux, la révolte des vassaux, l'insubordination des troupes et toutes les fureurs de la populace contre les victimes que lui désignaient ses émissaires? N'était-ce pas encore les membres de l'Assemblée constituante qui se relayaient pour venir périodiquement échauffer le patriotisme, et souffler le feu de la sédition dans les provinces ? Ah ! si jamais les lois reprennent leur empire dans notre malheureuse patrie, qu'il sera facile de démêler les instigateurs de tant de forfaits, parmi cette foule de misérables, séduits ou entraînés, qui n'en ont été que les aveugles instrumens !

Quelle effroyable responsabilité pèse sur l'Assemblée constituante! C'est à elle qu'on demandera compte de tout le sang qui a coulé depuis l'assassinat impuni de MM. de Flesselles et de Launay, jusqu'à ces massacres de septembre, où l'on ne sait ce qu'on doit détester le plus, ou de la barbarie des Marseillais qui les ont exécutés, ou de la lâcheté des Parisiens qui les ont soufferts ; jusqu'à ces proscriptions qu'un Marat, un Robespierre ou donnaient constitutionnellement, au nom du peuple libre et souverain; jusqu'à ces infâmes expéditions, où le soldat égorgeait de sang-froid, et avec l'appareil dérisoire des formes juridiques, des ennemis désarmés, des prêtres, des vieillards, des femmes et des enfans.

C'est encore sur l'Assemblée constituante, que retombera le sang de Louis, d'Antoinette, et de la vertueuse, de la céleste Elisabeth. C'est elle qui a livré ces augustes victimes, qui a dressé l'échafaud, qui a dicté l'arrêt. La Convention nationale n'a fourni que les bourreaux.

Illa necis causam præbuit, ista manum. (1)

Les constitutionnaires s'efforcent vainement de tromper leurs remords, et d'échapper à l'opprobre qui les poursuit, en rejetant sur les Jacobins tous les crimes qui ont souillé l'histoire de la Révolution. Outre qu'ils en avaient donné l'exemple, il est notoire que ce sont leurs manœuvres et leurs décrets qui ont éteint dans la masse du peuple le respect pour la Religion, et les sentimens de la justice et de l'humanité. Ce sont eux qui ont démuselé le tigre, et qui répondront de ses ravages. Toute la différence qui se trouve entre les constitutionnaires et les jacobins, c'est qu'à la vue des ruines qui

____

(1) Ovide.

s'amoncelaient sous leurs pas , les premiers ont voulu s'arrêter , et mettre un terme à la dévastation ; au lieu que les jacobins , plus intrépides dans le crime, et plus conséquens , ont suivi jusqu'à la fin les principes et la marche de la Révolution.

La déclaration des droits de l'homme avait posé les fondemens de la République : la Constitution en renfermait le germe que les Jacobins ont laissé mûrir et su développer. Si le peuple est le souverain , il pouvait retirer à ses représentans l'autorité précaire qu'il leur avait déléguée : il pouvait, ou se nommer d'autres ministres ou gouverner par lui-même. Après avoir détruit la monarchie, il avait le droit incontestable de renverser la Constitution. Tout Gouvernement devenait légitime , du moment qu'il l'adoptait.

Nulle dans son origine , vicieuse dans sa composition, atroce dans ses résultats , la Constitution de 1791 n'était qu'un premier pas vers l'anarchie républicaine qui a mis le comble aux crimes et aux malheurs de la France. (1)

____

(1) Et l'anarchie républicaine a conduit nécessairement au despotisme impérial. (*Note de l'Éditeur.*)

CHAPITRE XII.

De la République française.

Tandis que la première Assemblée nationale élevait sur les ruines de la monarchie le pompeux et frêle édifice de la Constitution, une autre faction plus scélérate et plus habile posait, dans l'obscurité, les fondemens de la République.

Au premier signal d'une révolution, on avait vu se former dans toutes les villes, dans toutes les bourgades du royaume des *Clubs* ou sociétés patriotiques, vil ramas de tout ce qu'il y avait en France d'intrigans, de factieux, d'hommes flétris, perdus de dettes et de débauches. D'abord méprisés par les honnêtes gens, mais soutenus par l'Assemblée nationale, dont ils secondaient puissamment les opérations, en préparant les insurrections et les crimes dont-elle avait besoin, les Clubs ne tardèrent pas à se faire redouter. Ils disposèrent de l'opinion et des bras de la populace, que l'appât du pillage et de l'impunité avait rangée sous leurs drapeaux ; ils distribuèrent à leurs affiliés toutes les places de la nouvelle administration ; ils couvrirent le royaume d'espions , de délateurs , d'assassins. Après avoir mis la France sous le joug de l'Assemblée nationale, ils asservirent l'Assemblée elle-même : ils lui dictaient insolemment ses décrets ; ils précipitaient ou suspendaient à leur gré, la marche de la Révolution. Promoteurs forcenés de la Constitution , tant qu'ils la jugèrent nécessaire pour achever de détruire la monarchie , ils renversèrent cet échaffaudage de démolition , lorsqu'ils virent le terrain nettoyé , applani, et propre à recevoir les fondations de cette anarchie systématique , qui devait mettre en leurs mains toute la puissance et toute les richesses de la Nation.

« Ceux qui donnent le branle à un Etat , sont » volontiers les premiers absorbés en sa ruine. Le » fruit du trouble ne demeure guère à celui qui l'a » ému : il bat et brouille l'eau pour d'autres » pêcheurs. » (1) La Constituiton de 1791 avait immolé le Clergé et la Noblesse à la cupidité et à la vanité du Tiers-Etat. Excitée et conduite par les Jacobins, la populace voulut aussi faire sa révoution ; et quelques semaines après le décret solennel qui vouait à la haine publique quiconque proposerait le Gouvernement républicain , la Ré-

____

(1) Montaigne.

publique fut décrétée et proclamée dans toute la France.

Une République fondée sur les notions de la souveraineté du peuple et de l'égalité ne pouvait être qu'une démocratie. D'ailleurs, c'était la multitude qui créait la République française, et la multitude, ou plutôt ceux qui se tenaient assurés de régner en son nom, n'eussent jamais consenti au partage, encore moins à l'abandon du pouvoir.

Mais dans une République de 30 à 40 mille lieues carrées , où l'on comptait vingt-huit millions d'hommes, il était impossible que le peuple exerçât par lui-même les fonctions de la souveraineté. Il fallut donc adopter le Gouvernement représentatif, et confier à un petit nombre de citoyens tous les pouvoirs de la Nation.

C'était mettre l'oligarchie à la place de la royauté : c'était anéantir la liberté politique par l'acte même qui semblait la créer. Car, ainsi que l'observe Rousseau, « à l'instant qu'un peuple se donne des » représentans, il n'est plus libre, il n'est plus. (1) » Ces délégués du peuple, une fois investis de l'autorité , sauront bien empêcher qu'elle ne leur échappe , ou du moins, ils trouveront les moyens de se soustraire à toute responsabilité. Sous un

____

(1) Contrat Social.

Gouvernement représentatif, le peuple n'est libre et souverain, qu'au moment où il nomme ses représentans. Et encore à quoi se réduit, pour l'immense majorité des citoyens, cet exercice de la souveraineté? A nommer aveuglement, et sous l'influence d'une faction dominante, les tyrans qui doivent l'opprimer. Dans une Nation corrompue, les élections populaires ne produisent que des choix détestables. Le sort donnerait des résultats moins mauvais; car on ne peut ni le séduire, ni l'acheter.

La République française est un monstre en politique. Deux obstacles invincibles s'opposeront toujours à l'établissement et à la solidité d'un pareil Gouvernement, la vaste étendue, l'immense population de la France, et le caractère de la Nation.

« Tout bien examiné, dit encore l'auteur du
» Contrat social, je ne vois pas qu'il soit désormais
» possible au Souverain, c'est-à-dire, au peuple
» de conserver parmi nous l'exercice de ses droits,
» si la Cité n'est très-petite. »

De l'aveu forcé du législateur de la Révolution française, le Gouvernement populaire ne peut avoir lieu dans une Cité de vingt-huit millions d'habitans. Nous avons vu, dans le premier chapitre, que, par la nature des choses, la démocratie ne pouvait convenir qu'à un petit Etat, et toute l'histoire vient à l'appui de ce principe. Les anciennes Républiques de la Grèce, de l'Italie , de la Sicile égalaient à peine nos villes du second et du troisième ordre. Toutes les Républiques modernes ont peu d'étendue , en comparaison de la France, et les démocratiques moins encore que les aristocratiques. Celles-ci se rapprochant davantage de la monarchie, ont un Gouvernement plus ferme , plus actif, plus constant dans ses vues, et peuvent embrasser un plus vaste territoire. La démocratie pure , telle que l'établit la Constitution de 1793, ne conviendrait pas même à la petite République de S.-Marin

Les orateurs de la tribune nationale n'ont pas manqué d'orner leurs déclamations du langage et des sentimens de l'ancienne Rome, et les Parisiens éblouis se sont crus des Romains. Mais l'exemple de Rome, d'ailleurs étranger à la République française, puisque son Gouvernement était mêlé d'aristocratie, est lui-même une preuve bien sensible, qu'un grand Etat ne peut subsister long-tems avec le Gouvernement républicain. La République romaine, après ses conquêtes en Afrique, en Grèce et en Asie, demeura renfermée dans l'Italie : des proconsuls gouvernaient despotiquement les provinces. La liberté, comme le remarque Montesquieu , était dans le centre, et la tyrannie aux extrémités. Sous ce rapport, la France d'aujourd'hui ressemble à l'ancienne Rome, la République française est dans Paris, le reste de la France est sujet.

Auguste, devenu monarque, parut avoir quelque envie de rétablir la République. Cette magnanimité apparente eut peut-être été plus funeste aux Romains que les cruautés du triumvirat. Rome petite, pauvre et vertueuse, avait fondé la République: Rome puissante, opulente et corrompue, ne pouvait être sauvée que par le gouvernement d'un seul. *Discordantis patriæ non aliud remedium quàm si ab uno regeretur...... omnem potestatem ad unum conferri pacis interfuit* (1).

La France qui veut passer du régime monarchique au régime républicain, se trouve dans des circonstances toutes semblables à celles qui forcèrent les Romains de chercher un asyle dans la royauté.

Les cantons helvétiques, les provinces unies des Pays-Bas, les Etats-Unis de l'Amérique septentrionale n'ont eu garde de se constituer en *République une et indivisible* ; ils demeurèrent partagés en petits Etats indépendans , quant à l'administration intérieure, et formèrent des républiques fédératives, dont tous les membres, comme dans la ligue Achéenne et dans l'Empire germanique, se trouvaient réunis par un intérêt commun , et séparés par des Constitutions différentes. C'était aussi le plan des Calvinistes qui, sous Henri IV,

---

(1) Tacite.

et sous Louis XIII, méditaient le démembrement de la Monarchie française. Moins savans que nos philosophes révolutionnaires dans l'art de renverser les Gouvernemens , ils entendaient mieux l'art de les reconstruire.

Non-seulement la France est trop vaste, mais elle est peuplée de nations trop différentes pour que l'on puisse en former une seule République. Ce Gouvernement suppose dans tous les citoyens des mœurs , des habitudes, des intérêts semblables, une jurisprudence commune. Toute diversité , à quelqu'un de ces égards , serait incompatible avec l'égalité républicaine.

Or , jamais on ne réduira la France à cette uniformité. L'Empire français s'est accru successivement par des conquêtes , par des successions, ou par des unions volontaires. Chaque province avant son accession à la couronne, avait sa jurisprudence fondée sur d'anciens usages , sur le caractère des peuples , sur la nature des climats et des productions territoriales. La justice et la politique de nos Rois avaient constamment respecté ces habitudes locales en les soumettant toutefois aux lois générales que demandait l'unité du Gouvernement. Ces prétendus despotes n'avaient pas entrepris de forcer la nature et les opinions, pour donner aux peuples du Nord les mœurs du Midi ; et , plus d'une fois , on les a vus renoncer aux projets de réforme les plus spécieux, pour ne pas porter atteinte aux droits particuliers et aux coutumes de certaines provinces.

Le niveau révolutionnaire a fait disparaître en un instant ces inégalités produites par l'action lente des siècles et du climat. Toute la France subjuguée par la terreur, a reçu la loi que lui ont dictée ses tyrans. Mais cet asservissement ne sera pas éternel. La violence est plus propre à renforcer qu'à détruire des habitudes anciennes et populaires. Les causes physiques et morales reprendront leur empire, quand la terreur aura perdu le sien; et l'on peut prédire hardiment qu'avec cet assemblage formé de municipalités, de districts et de départemens, la République une et indivisible sera déchirée en une multitude de petites républiques indépendantes, et bientôt ennemies, à moins que les provinces éclairées enfin sur leurs véritables intérêts, ne secouent le joug d'une Capitale qui les dévore, et ne se réunissent par un soulèvement général, contre les tyrans qui leur ont enlevé leur Gouvernement, leur Religion, leurs coutumes, leurs privilèges, et jusqu'à leur nom.

Mais, si la nature, la justice et la saine politique ne permettaient pas que l'on soumit toute la France à cette rigoureuse et minutieuse uniformité, com·

bien est-il plus insensé de prétendre y assujétir des peuples sépués de la France par d'anciennes habitudes politiques, par la diversité de la langue, par une opposition marquée de mœurs et de caractère, que le juste ressentiment de tant d'injures, ne peut manquer de convertir en haine nationale ? Les Romains, qui savaient encore mieux conserver que conquérir, avaient pour maxime fondamentale de laisser aux Nations vaincues leur religion, leurs mœurs et leurs coutumes. Ils ne se seraient jamais crus assez puissans pour entreprendre de faire couler sous les mêmes lois municipales la Garonne et l'Escaut. On ne trouve dans l'antiquité qu'un exemple d'un semblable projet, et il est ordonné par un Prince dont la mémoire est abhorrée. « Le Roi » Antiochus, dit l'auteur du livre des Maccabées, » publia un édit, pour ordonner qu'il n'y eût dans » tout son royaume qu'un seul peuple, et que chacun renonçât à sa loi. » *Scripsit Rex Antiochus omni regno suo, ut esset omnis populus unus, et relinqueret unusquisque legem suam.*

Quelle que soit la forme du Gouvernement, la société ne peut se maintenir que par l'observation des lois. La vertu est donc le premier ressort de tout Gouvernement. Montesquieu, qui donne aux Républiques la vertu et aux monarchies l'honneur pour principes, n'a pas vu que ce sentiment factice qu'il appelle honneur , et dont il a puisé l'idée dans le caractère français , n'est qu'un principe secondaire qui, séparé de la vertu, comme il arrive souvent , est plus nuisible qu'utile à la société. Cependant il est vrai de dire , et Montesquieu prouve très-bien que, si l'on entend par vertu politique la frugalité, la modération et l'amour de la patrie, le Gouvernement républicain demande, plus que tout autre , de la vertu, et dans ceux qui gouvernent, et dans ceux qui sont gouvernés.

A ce titre seul , le Gouvernement républicain ne peut convenir à la France. Nous étions , sans contredit , le peuple le plus civilisé, et par cette raison peut-être, le plus corrompu de l'Europe.

C'est dans nos vices , dans notre luxe , dans la licence des opinions, et par-dessus tout , dans l'égoïsme philosophique , ce poison froid , qui tue toutes les affections sociales, qu'un observateur trouvera les vraies causes de notre Révolution. La Nation était trop vicieuse pour supporter même la forme de Gouvernement qui demande le moins de vertu ; et l'on se persuaderait qu'elle puisse être contenue par le Gouvernement démocratique, celui de tous qui en demande le plus !

Il est facile, même à des scélérats , de parler le langage de la vertu. Un peuple hébété par la terreur peut se courber sous le joug, et jurer obéissance aux tyrans qu'il déteste. Mais l'amour des lois, le dévouement à la patrie, le désintéressement, l'esprit de frugalité n'entreront jamais dans le caractère d'une nation qui a perdu ses mœurs. Il n'est point de lois, point de Constitutions, point de sermens qui puissent lui donner ces vertus, si utiles dans tous les Gouvernemens, si nécessaires dans une République. Les conversions sont rares parmi les individus, je n'en connais point d'exemple parmi les Nations.

Le peuple de Rome ne demandait à Néron et à Domitien que du pain et des spectacles, *panem et circenses*. La populace de Paris, sous le règne de Robespierre, voulait du pain, des spectacles et du sang. Aujourd'hui les habitans de la capitale ne connaissent que deux sentimens, le plaisir et la peur. Qu'importe la chose publique à un peuple dégénéré, pourvu qu'on le nourrisse et qu'on l'amuse ? Que lui importe la liberté, si elle est autre chose que licence et impunité ?

C'est une maxime fondamentale en politique, que le Gouvernement doit avoir d'autant plus de force, que les mœurs, la Religion, l'esprit public en ont moins. Or, dans l'état actuel de la France, l'influence de la Religion, des mœurs et de l'esprit public est nulle pour le Gouvernement. Car je n'appelle pas esprit public cet enthousiasme féroce que la licence et le brigandage ont allumé , et que le sentiment du malheur refroidit tous les jours. Il est donc nécessaire que la République française retrouve dans la force du Gouvernement ce qui lui manque du côté de l'opinion. Mais d'abord, la démocratie est , de sa nature , le plus faible des Gouvernemens , et la démocratie française , par le vice de ses principes , la plus faible de toutes les démocraties. Jamais il n'y eut moins de proportion entre la force du commandement et celle de la résistance. Mais si , aux termes de la Constitution , le Gouvernement est trop faible , ceux qui gouvernent sauront le fortifier , en y transportant l'esprit et les moyens du despotisme. Quand la vertu ne forme pas des citoyens , la crainte fait des esclaves. Pour une nation corrompue , il n'est pas de régime plus oppressif que le Gouvernement républicain , parce que les formes de la liberté ne servent qu'à légitimer la tyrannie. Dans de pareilles circonstances , il n'y a point d'autre remède contre le despotisme de l'anarchie, que le Gouvernement d'un seul.

C'est parce que les mœurs vont toujours dépérissant , surtout chez les nations riches , commerçantes et industrieuses , que l'on a vu constamment les Gouvernemens se resserrer de plus en plus , c'est-à-dire passer du grand nombre au petit, de la démocratie à l'aristocratie, de l'aristocratie à la royauté. « C'est là, comme l'observe très-bien » Rousseau, leur inclinaison naturelle. Si le Gou- » vernement retrogadait du petit nombre au grand, » on pourrait dire qu'il se relâche ; mais ce progrès » inverse est impossible. En effet, jamais le Gou- » vernement ne change de forme que quand son » ressort usé le laisse trop affaibli pour pouvoir » conserver la sienne ; et s'il se relâche encore » en s'étendant, sa force deviendrait tout-à-fait » nulle, et il subsisterait encore moins. Il faut » donc remonter et resserrer le ressort, à mesure » qu'il cède, autrement l'Etat qu'il soutient » tomberait en ruine (1). »

Pour donner quelque solidité à la République, il eût fallu changer les mœurs et l'esprit de la Nation ; nos législateurs l'ont compris, et c'est à ce but que tendent toutes leurs opérations et tous leurs décrets. Mais plus ils redoublent d'efforts pour hâter cette révolution plus le succès en devient difficile. Lorsque par l'action réunie de toutes les causes physiques et morales, pendant treize à quatorze cents ans, il s'est formé dans une nation un caractère et un esprit public, c'est

---

(1) Contrat social.

une entreprise extravagante, que de vouloir tout-à-coup donner à cette nation un autre esprit et un autre caractère. Des lois faites aujourd'hui ne seront point d'accord avec les mœurs, les maximes et les opinions d'un peuple qui, depuis une longue suite de siècles a été gouverné par des lois toutes différentes. Si les lois nouvelles sont meilleures que les anciennes, elles ne s'établissent jamais d'une manière solide et durable, parce qu'elles rencontreront de mauvaises mœurs et de fausses opinions qu'il leur sera impossible de corriger subitement. Si elles sont vicieuses, ou moins bonnes que les précédentes, elles acheveront de perdre les mœurs et l'opinion.

C'est ainsi que les décrets sur l'émancipation des mineurs et sur le divorce ont porté dans les familles l'insubordination et la licence qui avaient renversé l'Etat. Nos législateurs qui n'attendaient leurs succès que de la violence ou de la corruption, étaient bien éloignés de sentir l'utilité politique de l'autorité maritale et du pouvoir paternel : magistratures importantes que la société emprunte de la nature, qui préparent dans les vertus domestiques, le germe de toutes les vertus sociales, et dont l'influence est d'autant plus puissante, qu'elle se fait moins sentir.

C'est ainsi, qu'en décorant du nom de patriotisme et de vertus civiques l'espionnage, la délation, l'assassinat, on est parvenu à brouiller, à pervertir dans l'esprit du peuple toutes les idées, tous les sen-timens de la justice, de l'honneur et de l'humanité.

A l'époque de la Révolution, nos mœurs étaient mauvaises, mais nos lois étaient bonnes. La Révolution conçue et nourrie dans le crime, s'est fait un code assorti à son caractère, et les mœurs sont devenues atroces.

Je ne veux pas dire que, dans ce tas immense de décrets rendus par les différentes législatures, il ne puisse se rencontrer quelque loi utile, digne d'être un jour recueillie par une administration légitime. Mais quand les bonnes lois seraient aussi nombreuses dans le code révolutionnaire, qu'elles y sont rares, je dis plus, quand ce code ne renfermerait que des lois bonnes en elles-mêmes, il eût été de la sagesse de ne pas le publier tout entier à-la-fois. Toute révolution générale et subite ne peut opérer que le bouleversement de l'Etat, parce qu'elle contrarie la nature qui ne sait point se prêter à cette marche brusque et précipitée. Toute nouveauté, par elle même, est un trouble dans l'ordre politique. Un sage législateur n'en introduit que rarement ; et autant qu'il est possible, il les lie à quelqu'une des anciennes institutions. Renverser un Gouvernement, pour réformer quelques abus, c'est brûler une ville pour en redresser les rues.

« Quand tous les avantages d'un nouveau plan
» seraient incontestables, c'est encore Rousseau
» qui parle, quel homme de sens oserait changer
» les vieilles maximes, tenter d'abolir les vieilles
» coutumes, et donner une autre forme à l'Etat
» que celle où l'a successivement amené une
» durée de 1500 ans ? Que le Gouvernement
» actuel soit encore le même, ou que durant tant
» de siècles, il ait insensiblement changé de nature,
» il est également imprudent d'y toucher. Si c'est
» le même, il faut le respecter; s'il a dégénéré,
» c'est par la force du tems et des choses, et la
» sagesse humaine n'y peut rien. »

Novateurs téméraires ! qui par vos vœux, ou par vos écrits, appellez les révolutions dans votre patrie, méditez ce passage d'un philosophe, que l'amour du paradoxe a souvent égaré, et que la supériorité de sa raison ramène presque toujours dans le bon chemin.

Quel peuple, quel moment, les philosophes devenus législateurs ont choisi pour faire l'essai de leur théorie ! La France était un corps usé par l'abus de ses forces, mais qui conservait encore des restes de sa première vigueur, et qu'un régime sage aurait rétabli. Des empiriques ont entrepris de le régénérer, et n'ont su qu'imiter ces filles de la fable qui, pour rajeunir leur père, l'égorgèrent et dépécèrent son cadavre. Des politiques présomptueux et sans expérience ont transporté dans une nation parvenue au dernier terme de la civilisation, un code qui conviendrait à peine à des hommes sauvages que l'on voudrait tirer de leurs forêts. Ils ont ôté aux Français ce qui leur restait de principes moraux, pour les amener à une forme de Gouvernement qui exige les mœurs les plus austères. D'un peuple de Sybarites, ils ont fait un peuple de Cannibales ; et ce n'est qu'en propageant et en systématisant la corruption qu'ils l'ont préparé à une liberté que toute la vertu des Spartiates eût à peine supportée.

C'était au milieu d'une guerre dont ils n'avaient acheté les succès que par l'épuisement et la dépopulation de leur pays ; c'était lorsque toute la France, comme une ville assiégée, se voyait en proie aux horreurs de la famine, lorsque toutes les passions étaient exaltées, tous les esprits exaspérés, que la Convention nationale méditait froidement la formation d'un Gouvernement, qui suppose plus qu'aucun autre l'accord de tous les intérêts, le concert de toutes les volontés ! Opposons-leur encore une fois l'autorité de leur oracle. « Les » usurpateurs, dit Rousseau, amènent ou choisissent

» toujours ces tems de troubles, pour faire passer
» à la faveur de l'effroi public, des lois destruc-
» tives que le peuple n'adopterait jamais de sang-
» froid. Le choix du moment de l'institution est
» un des caractères les plus sûrs, par lesquels on
» peut distinguer l'œuvre du législateur de celle
» du tyran (1). »

Pendant ses trois premières années, la République française n'a eu d'autre Constitution que
celle de 1795, code anarchique sorti de l'antre
des jacobins, et à peine suffisant pour établir dans
une bande de voleurs quelque ordre pour le partage du butin. Comment donc la République
a-t-elle pu subsister trois années entières sans lois
et sans Gouvernement régulier? C'est parce que
l'enthousiasme prévenait, parce que la terreur
comprimait les regrets, les jalousies et les mécon-
temens. Ces deux sentimens, la terreur surtout,
sont les principes conservateurs de la République.
Ils l'ont soutenue lorsqu'elle n'avait point de Constitution, et s'ils viennent à s'éteindre, le moment
où l'on proclamera la Constitution républicaine,
le moment du moins, où ceux qui se trouveront à
la tête des affaires, voudront la faire observer exac-
tement, sera l'époque de la chûte de la Répu-

____

(1) Contrat social.

blique. Car une Constitution, quelque populaire qu'on la suppose, doit tendre au rétablissement de l'ordre, et l'on sait que le peuple ne s'est affectionné à la République, qu'à raison de la licence et de l'impunité qu'il s'en promettait. La Constitution de 1791 est tombée par morceaux dès que l'on a essayé de la mettre en action. Le même sort attend la Constitution républicaine.

La Convention nationale ne l'ignorait pas ; et ce n'est pas sans de puissantes raisons qu'elle a différé jusqu'à l'époque de sa dissolution d'aborder le grand ouvrage de l'organisation de la République. Pendant près de trois ans, elle n'a fait que des lois de circonstances ; elle a rendu décrets sur décrets pour expliquer comment et sous quels prétextes, elle se réservait le droit d'attenter aux propriétés, à la liberté, à la vie des citoyens ; elle a donné des formes juridiques à l'assassinat, elle a rédigé un code qui eût instruit Sylla et les triumvirs à mettre dans leurs proscriptions plus de rafinement et non moins de cruauté ; qui eût appris à Tibère l'art d'encourager les délateurs et de rendre toute une nation complice ou victime de la tyrannie. Tant qu'a duré le règne de la Convention et de ses lois révolutionnaires, ce qu'on nommait la République, n'était qu'une anarchie sanguinaire, où dans l'espace de quelques mois, la France a perdu par le glaive et par les formes de la loi, plus d'innocens qu'elle n'avait vu périr de criminels depuis la fondation de la Monarchie.

Toutes ces horreurs sont l'ouvrage de la Convention, qui s'est vainement efforcée de les rejeter sur la mémoire de Robespierre. Si après la mort de cet abominable scélérat, la soif du sang parut assouvie, ce n'est point à la justice, à l'humanité de la Convention qu'il faut l'attribuer, mais à sa politique et au danger où elle se trouvait elle-même. Tant que la tyrannie et la cruauté ne s'appesantirent que sur l'opulence et sur la vertu, la Convention les seconda de tout son pouvoir. Elle préparait les crimes de Robespierre par les rapports de son comité de salut public, et quand elle ne les exécutait pas par ses commissaires, elle les approuvait par son silence. Mais lorsqu'à son tour elle se vit menacée, lorsque plusieurs de ses membres apprirent que leurs noms se lisaient sur les listes de proscriptions, la Convention se divisa, le dictateur fut assassiné, et la faction dominante annonça, comme un acte de justice, le supplice d'un monstre qu'elle n'avait immolé qu'à sa propre sureté.

Sous Robespierre, la Convention avait tout écrasé par la terreur. Pour justifier sa mort, et populariser la nouvelle révolution, il fallut détendre le ressort de la tyrannie qui, aussi bien, n'aurait pas tardé à se rompre. Semblable à un accusé que l'on a retiré de la question, pour le replonger dans son cachot, la France abatardie par la servitude et par la crainte sut gré à ses bourreaux d'avoir suspendu ses tourmens: elle se crut presque libre, parce que le despotisme avait pris des formes moins atroces.

Et tel était le sentiment profond des horreurs auxquelles on croyait échapper, qu'en voyant encore la Religion éplorée redemander en vain ses ministres et ses autels, en voyant renouveler contre ses proches, contre ses amis, ces lois atroces qui punissaient de mort une démarche que l'honneur commandait, que rendait nécessaire le soin de sa propre sureté, que justifient tous les principes du droit naturel et du droit public, on se félicitait de vivre sous le règne de la justice et de la modération. *O homines ad servitutem paratos !* (1)

« Quel était, se demande Montesquieu parlant
» des Décemvirs, ce système de tyrannie produit
» par des gens qui n'avaient obtenu le pouvoir po-
» litique et militaire que par la connaissance des
» affaires civiles, et qui, dans les circonstances de
» ces tems-là, avaient besoin au-dedans de la
» lâcheté des citoyens, pour qu'ils se laissassent

(a) Tacite

» gouverner, et de leur courage au-dehors, pour
» les défendre ? » (1)

Il est impossible de ne pas être frappé de ce rap-
prochement des Décemvirs de Rome, et de l'Assemblée de Paris. Mais il y a cette différence, que
Virginie trouva des vengeurs dans un peuple qui
s'indignait encore plus du crime que de la tyrannie;
et le sang de Louis XVI, et de tant d'autres
martyrs de l'honneur et de la Religion, n'a obtenu
des Français que des larmes secrètes et des regrets
impuissans.

On a vu quels obstacles la nature oppose à l'établissement du Gouvernement républicain dans un
pays tel que la France, et par quels moyens odieux
la Convention, sous le nom et les formes d'une
république, a su usurper et retenir l'autorité souveraine. Ceci me conduit à une dernière réflexion :
c'est que, de tous les Gouvernemens, il n'en est
point où l'abus du pouvoir entraîne plus d'excès et
de vexations que dans les républiques. Tous les
Gouvernemens peuvent dégénérer en tyrannie, le
Gouvernement républicain, aussi facilement qu'aucun autre. Mais la tyrannie la plus oppressive, la
plus irrémédiable est celle de la multitude ou des
compagnies qui prétendent gouverner en son nom.

____

(1) Grand. des Rom.

Les besoins et les fantaisies d'un despote ont des bornes ; son intérêt le ramène souvent à la justice et à l'humanité : un mauvais règne en laisse espérer un moins fâcheux. Mais dans une assemblée de sept cents tyrans , les passions sont insatiables ; la pitié, la honte , les remords ne se font point sentir ; les haines particulières embrassent toutes les familles ; l'esprit de la tyrannie ne meurt jamais. L'opposition des intérêts enfante des guerres civiles : leur réunion renforce et aggrave l'oppression.

Sous Pisistrate , les Athéniens ne regrettaient que leur liberté; mais , sous les trente tyrans , chacun craignait pour sa vie. Lorsque Cromwel eut cassé le Parlement républicain , l'Angleterre respira , parce qu'elle passait du joug d'une multitude de tyrans , sous celui d'un seul. (1) Si la France , au contraire , a vu les fureurs de la tyrannie se ralentir après le supplice de Robespierre , c'est d'abord parce que cet homme atroce et dépourvu de génie n'avait pas su , à l'exemple de César, d'Auguste et de Cromwel , se faire pardonner son usurpation par le contraste de la clémence avec les horreurs qui avaient précédé. C'est parce que trop faible par lui-même, il ne pouvait aspirer à la dictature perpé-

---

(1) Quand Buonaparte détruisit la République, la France se crut sauvée.
(*Note de l'Ed.*)

tuelle, qu'en se faisant le chef, ou plutôt l'instrument de la faction sanguinaire des Jacobins. C'est enfin, parce que ses complices, devenus ses assassins, se hâtèrent de détourner sur sa mémoire toutes les haines, toutes les vengeances que tant de forfaits appellaient sur leurs têtes.

Mais la modération dont ils se paraient, la justice dont ils empruntaient le langage n'étaient point dans leurs cœurs. La politique même leur interdisait tout retour à l'humanité. Le sceptre de fer qu'ils venaient d'arracher à Robespierre faisait toute leur sureté : ils étaient perdus, s'ils avaient osé être justes. La Convention avilie et détestée ne devait qu'à la crainte et à la stupeur ce qui lui restait de puissance. Il fallait qu'elle opprimât, ou qu'elle pérît. Forcée de se dissoudre, elle n'eut pas le courage et la grandeur d'âme de Sylla qui, en abdiquant la dictature, se livra désarmé au ressentiment des Romains. Elle avait compris qu'il était tems d'abolir la Constitution monstrueuse qu'elle avait publiée en 1793, mais elle sentit encore mieux, que si les Français demandaient une Constitution moins anarchique, sa propre sureté exigeait qu'elle ne laissât pas échapper les rênes du Gouvernement. Elle résolut donc de ne se séparer, qu'après avoir fait adopter à la France une Constitution qui put assurer la perpétuité de son règne.

Quelques semaines suffirent pour ce grand ouvrage. Un code volumineux, fabriqué à la hâte par les métaphysiciens de la Convention, fut décrété de confiance, et sans discussion. Un second décret ordonna impérieusement au Peuple libre et souverain de choisir dans la Convention même les deux tiers de ses Représentans. Des troupes campées sous les murs de la capitale, les armées répandues aux frontières de la République, proclamèrent le nouveau code au bruit du canon. Le peuple réuni en assemblées primaires, répéta avec effroi le serment de le maintenir ; et pour la troisième fois, l'enthousiasme et la peur donnèrent une Constitution aux Français.

CHAPITRE XIII.

De la Constitution de 1795.

Je ne m'engagerai pas dans l'examen de la Constitution decrétée au mois de septembre 1795, je me borne à quelques réflexions sur ce qui la distingue des Constitutions de 1791 et de 1793.

Les deux premières n'avaient pour préambule que la déclaration des droits de l'homme et du citoyen: la troisième y ajoute une déclaration des devoirs. Remède faible et tardif contre la licence, et contre l'abus inévitable des principes erronnés de la déclaration des droits ; compilation incomplète et mal digérée de maximes vraies, mais triviales, dont les honnêtes gens n'ont nul besoin, que les méchans sont accoutumés à fouler aux pieds, et qui, certes, n'emprunteront pas de pareils législateurs une autorité bien imposante.

« Tous les devoirs de l'homme et du citoyen,
» dit l'Art. 11, dérivent de ces deux principes gravés
» par la nature dans tous les cœurs : ne faites pas
» à autrui ce que vous ne voudriez pas qu'on vous
» fît. Faites constamment aux autres le bien que
» vous voudriez en recevoir. »

Ces deux maximes , admirables et pleines de raison dans l'Evangile, d'où nos législateurs les ont tirées , ne sont , dans leur bouche , que des phrases insignifiantes. Sans la Religion qu'ils ont proscrite, où est le motif qui puisse raisonnablement me déterminer à préférer le bien d'autrui à ma propre satisfaction ? En vain la nature a gravé dans nos cœurs ces principes de justice , si la Religion ne les sanctionne. L'homme n'est remué que par son intérêt , et il n'y a que la Religion qui lie constamment et inséparablement notre intérêt à celui des autres. Le reste de cette homélie politique est du même genre. C'est la vertu prêchée par l'Athéisme. Ces grands hommes d'Etat ne comprendront-ils pas enfin , que les lois humaines peuvent bien quelquefois punir le crime , mais qu'elles ne peuvent atteindre le vice, encore moins commander la vertu, et qu'il ne peut y avoir pour l'homme et pour le citoyen d'autre déclaration des devoirs , que les commandemens de Dieu.

La déclaration des droits , dans la nouvelle Constitution, est moins vicieuse et moins anarchique que celle des deux Constitutions précédentes.

L'Art. 1 dit bien que « les droits de l'homme en » société , sont la liberté et l'égalité. » Il fallait laisser au peuple ces deux mots qui ont fait la Révolution ; mais le sens en est modifié et restreint par les articles qui suivent.

Selon l'Art. VI, « la loi est la volonté générale, » exprimée par la majorité ou des citoyens, ou de » leurs représentans », mais par l'Art. VIII de la Constitution, celui-là seul est citoyen qui paye une contribution directe, foncière ou personnelle. Ainsi, tout Français n'est pas citoyen ; tout Français n'est pas appelé à jouir des droits politiques, ces droits n'appartiennent qu'au citoyen, et il n'y a de citoyen que le propriétaire.

Je n'ai garde de blâmer la Convention d'avoir restreint le droit de citoyen ; je lui reprocherais plutôt de ne l'avoir pas resserré dans des bornes plus étroites. Mais en se rapprochant ainsi des véritables principes, elle a démenti les maximes fondamentales de la Révolution. Que devient, en effet, cette égalité qui, dans l'Art. I, est un droit de l'homme en société? A quoi se réduit cette liberté qui, selon l'Art. II, « consiste à pouvoir faire tout ce qui ne » nuit pas aux droits d'autrui? » Une grande partie de la Nation, la classe indigente, qui se voit exclue des assemblées politiques, n'est-elle pas privée d'un droit qui ne nuit point aux droits d'autrui? Et le droit des propriétaires, par cela qu'il est exclusif, ne tourne-t-il pas au désavantage de la classe indigente?

J'ai parlé, dans le Chapitre V des articles XVII et XVIII, où il est dit, que « la souveraineté reside

» essentiellement dans l'universalité des citoyens ,
» et que nul individu , et nulle réunion particulière
» de citoyens ne peut s'attribuer la souveraineté. »
Cette nouvelle doctrine corrige un peu le principe
de la souveraineté du peuple ; mais en même tems,
elle démontre l'illégalité de la Révolution qui ne
doit qu'à des séditions et à des insurrections partielles sa naissance , ses progrès et son affermis-
sement.

L'art. VI déjà cité , qui porte que la loi est la
volonté générale , exprimée par la majorité ou des
citoyens , ou de leurs représentans , ne paraît pas
facile à concilier avec la composition des Conseils,
telle qu'elle est réglée par la Constitution. En effet,
le Conseil des Anciens , composé de 250 membres
ayant le droit de *veto* , s'il arrive que 126 membres
de ce Conseil rejettent le vœu unanime du Conseil
des Cinq cents, il se trouvera que la volonté générale,
exprimée selon l'art. VI , par 624 Représentans du
peuple , est maitrisée par les 126 opposans, et l'on
ne pourra plus dire que « la loi est la volonté générale
» exprimée par la majorité des citoyens, ou de leurs
» Représentans » , la nouvelle Constitution doit
partager , aux yeux des démocrates , le vice de la
Constitution de 1791 , qui donnait au Roi le droit
de *veto* , ou le pouvoir de paralyser la volonté
générale par sa volonté particulière.

Les changemens faits dans la déclaration des droits annoncent assez que la Constitution de 1795 ne sera pas démocratique. On peut dire qu'elle n'est pas même républicaine. C'est un Gouvernement mixte qui réunit tous les inconvéniens, qui est exposé à tous les abus des Gouvernemens simples.

Inconvéniens et abus de la démocratie, dans cette multiplicité et cette fréquence d'assemblées populaires, qui nourriront parmi toutes les classes de la société, l'esprit d'intrigue et de corruption ; qui arracheront le peuple à des travaux nécessaires pour l'occuper d'affaires qu'il n'entend pas, et qui ne sont jamais mieux conduites, que lorsqu'il s'en mêle le moins ; qui livreront toutes les délibérations, tous les choix à la merci de ces hommes de plume et de chicane, dont l'ascendant sur le petit peuple était déjà si funeste sous l'ancien régime ; qui enfin, corrompront le pouvoir judiciaire dans sa source, en mettant sous la dépendance du peuple, les administrateurs et les magistrats destinés à le contenir.

Inconvéniens et abus de l'aristocratie, dans cette classification des propriétés qui forme des Ordres distingués par la différence des droits politiques, et qui n'accordant les préférences qu'à la richesse, ne laisse d'émulation que pour la cupidité ; dans le pouvoir confié aux administrateurs, qui le feront servir à se ménager des voix pour se perpétuer dans les places , et former , avec le tems , un ordre de familles patriciennes ; dans les conflits de jurisdiction et de prétentions qui ne manqueront pas de s'élever entre cette multitude de corps administratifs dont il sera toujours impossible de fixer avec précision les droits respectifs , et au-dessus desquels on ne voit nulle autorité assez puissante pour reprimer leurs entreprises.

Inconvéniens et abus de la monarchie dans le Directoire exécutif, qui se trouve investi d'un pouvoir incompatible avec la Liberté républicaine; qui, disposant à son gré et sans responsabilité, des finances , de l'armée , et d'une multitude innombrable d'offices et de commissions, se servira de tous ses moyens pour accroître sa prérogative ; qui soumis, par la Constitution, au corps législatif, ne peut manquer, à la longue, de prendre la supériorité sur lui, soit parce qu'il y aura toujours plus de concert et plus de suite dans les vues de cinq Directeurs , que dans les délibérations tumultueuses de deux assemblées nombreuses et rivales ; soit parce que le Directoire forme un corps plus permanent, puisque, sur cinq membres, il n'y en a qu'un de remplacé tous les ans, tandis qu'en trois ans , la représentation nationale est renouvelée toute entière; soit enfin parce qu'il sera toujours facile au Directoire d'acheter les voix prépondérantes , et de se faire un parti puissant dans les deux Conseils.

Le Directoire, dans la nouvelle Constitution, tient la place du Roi dans la Constitution de 1791, mais avec deux différences remarquables. Premièrement, on ne lui a pas laissé le droit d'admettre ou de rejeter les résolutions du Corps législatif, ce qui est un vice essentiel dans la nouvelle Constitution. Si l'on veut qu'il y ait unité dans le Corps politique, il faut que le pouvoir exécutif ait part à la Législation, ne fut-ce que par le droit d'empêcher. Ceux qui gouvernent ne travailleront pas avec zèle et franchise à faire observer des lois qu'ils désapprouvent, et qui auront été portées contre leur gré. Secondement, par la nouvelle Constitution, le Directoire a plus de force et de moyens pour l'exécution des lois, que n'en avait le Roi constitutionnel. A cet égard, la nouvelle Constitution vaut mieux que l'ancienne; mais cet avantage est contrebalancé par le défaut d'un principe unique de mouvemens dans l'administration. Au lieu de placer dans une seule main les rênes du Gouvernement, elle abandonne la machine politique aux secousses et aux tiraillemens de cinq forces égales, entre lesquelles une parfaite et constante harmonie serait un phénomène bien extraordinaire. Sparte n'avait que deux Rois, Rome que deux Consuls, cependant à Sparte dans tous les tems le Sénat et les Ephores, à Rome dans les tems difficiles, un Dictateur ramenait le Gouvernement à l'unité.

Qu'il y ait division, et dans le Directoire, et dans les Conseils ; que d'un côté soit la majorité des Conseils, et de l'autre la majorité du Directoire, où est l'autorité qui départagera ? le texte de la Constitution ? Mais la Constitution est déjà violée, quand la majorité du Directoire résiste à la majorité des Conseils. Il ne reste donc que la force ; et l'union entre le pouvoir législatif et le pouvoir exécutif ne pourra se rétablir que par une révolution, qui soumette et asservisse l'un à l'autre.

Les inventeurs de cette Constitution prétendue républicaine ont imité, ou plutôt, ont voulu perfectionner la Constitution britannique. Mais ils l'ont gàtée dans toutes ses parties. Leur *Pentarchie* élective n'est point un principe d'unité, de stabilité, de perpétuité comme la Monarchie héréditaire. Le Conseil des Cinq cents et le Conseil des Anciens ne forment pas deux Chambres réellement distinctes, comme sont en Angleterre la Chambre des Pairs et la Chambre des Communes. Les membres de ces deux Conseils, étant pris dans les mêmes conditions, sans autre différence que celle de l'àge, il n'y a pas entre eux cette diversité, cette opposition d'intérêts qui prolonge et éclaire les discussions, qui balance et mûrit les résolutions, et qui, dans un

Gouvernement représentatif, peut seule assurer la liberté civile et le droit de propriété.

Dans la Constitution britannique, les intérêts de la Religion, de la Couronne et des propriétés foncières sont défendus par la Chambre des Pairs ; la liberté publique, le commerce, les richesses mobiliaires trouvent leur appui naturel dans la Chambre des communes, et ce conflit d'intérêts maintient l'équilibre entre toutes les parties de l'Etat. La Constitution française ne connaît point ces contre-poids ; le vœu du moment, le premier élan de l'enthousiame n'y rencontre aucune résistance ; les divers intérêts n'y sont pas représentés ; celui de la faction dominante écrase tous les autres. En vain l'on a cru prévenir ce danger et suspendre l'impétuosité des délibérations par l'institution de deux Conseils. Ces deux Conseils ne sont, pour le bien dire, qu'une même assemblée qui est convenue de se partager en deux salles, et de distribuer entre ses deux sections les différentes fonctions du pouvoir législatif.

Par cette distribution de pouvoirs, l'initiative est reservée au Conseil des Cinq-cents, et il ne reste aux Anciens que le droit d'accepter sans amendement, ou de rejeter sans restriction, sans explication les projets de lois qui leur seront envoyés par les Cinq-cents. De là il resulte en faveur des

Cinq-cents une prépondérance énorme, tandis que les Anciens demeurent sans force, sans activité, sans considération. Le mérite des bonnes lois ou des décrets populaires appartiendra tout entier aux Cinq-cents qui les auront proposés ; on ne saura nul gré aux Anciens de les avoir approuvés ; on les rendra responsables de tout le mal qui naîtra des lois qu'ils auront sanctionnées, et de tout le bien que l'opinion publique ou les factions attendaient de celles qu'ils auront rejetées. Des deux parties du corps législatif, la plus faible et la moins accréditée sera celle dont on devait se promettre plus de sagesse, d'expérience et de maturité.

En Angleterre, la Chambre des Communes a seule l'initiative, en matière de finances et d'impositions(1). Mais avec quelle sagesse cet avantage est contre-balancé par tous les moyens de considération dont la Constitution investit les Nobles Lords, membres héréditaires et inamovibles de la représentation nationale !

En Angleterre, le Roi peut rejeter les Bills du Parlement ; il peut même convoquer, proroger, dissoudre le Parlement (2). C'est par là qu'il est assez

----

(1) La loi de l'impôt doit être adressée d'abord à la chambre des députés. Art. 17 de la Charte. (*Note de l'Ed.*)

(2) Le Roi convoque les deux chambres, il les proroge et peut dissoudre celle des députés Art. 50 de la Charte. (*Note de l'Ed.*)

fort pour maintenir un équilibre invariable entre les deux autres parties du corps législatif dont il est le chef et le régulateur. Dans la Constitution française, le directoire qui représente le Monarque, n'a point de force qui lui soit propre. Il ne lui est pas permis de se réunir au plus faible des deux Conseils, pour contre-peser le plus puissant. Aux termes de la Constitution, il n'est que le ministre et l'employé du corps législatif. Trop puissant pour une République, le Directoire ne l'est pas assez pour un Gouvernement mixte, où l'on a fait entrer la Monarchie.

Tel est le vice capital de la nouvelle Constitution. L'autorité légitime du Directoire exécutif ou du Gouvernement est resserrée dans des bornes trop étroites; mais la force que la loi remet entre ses mains, les moyens d'influence et de corruption qu'elle lui abandonne, sont plus que suffisans pour briser les entraves qui gênent l'exercice de son pouvoir. Fidèle à la Constitution, le Directoire est trop faible; infidèle, il peut se rendre tout puissant. Dans le premier cas, toute l'autorité demeurera au Corps législatif qui reprendra l'esprit de la Convention nationale; dans le second, le corps législatif ne sera que l'instrument du despotisme directorial. Ainsi, quoiqu'il arrive, avec cette

Constitution dont les auteurs ont tout prévu, tout calculé, hormis le jeu des passions, la France ne saurait manquer de tyrans. (1)

Je ne pousserai pas plus loin l'examen de la Constitution de 1795; malgré tous ses vices elle se soutenait depuis près de deux ans. Il ne paraissait pas douteux qu'elle ne fut moins mauvaise, je ne dis pas que la monstrueuse anarchie de 1793, mais que la démocratie royale de 1791. C'était un premier pas dans la carrière retrograde que les Français avaient à parcourir pour se rapprocher des véritables principes de l'ordre social. Il était impossible alors que la France revînt tout-

____

(1) Le Directoire infidèle s'était rendu tout puissant, le corps législatif se réfugia dans les bras de Buonaparte qui le 8 novembre 1799 renversa les cinq tyrans pour se mettre à leur place. La Constitution de 1795 fut remplacée par une Constitution entièrement despotique; la souveraineté du peuple et les droits de l'homme en furent bannis. Le pouvoir fut confié à un seul sous le nom de Consul, et bientôt après le Consul devînt Empereur. Un Sénat prétendu conservateur, se fit l'instrument de ses projets ambitieux et gigantesques. Un corps législatif fut appelé à voter sur les lois, sans aucune discussion de sa part. Il céda au Gouvernement l'honneur de bonnes lois, se chargea de tout l'odieux des mauvaises. Cependant la France épuisée par tant d'orages, trouva un libérateur dans Buonaparte; elle crut qu'il rappellerait les Bourbons, et lors même qu'elle ne vit en lui qu'un usurpateur, elle lui sut gré d'avoir calmé la tempête révolutionnaire, et rétabli le culte catholique. (*Note de l'Editeur.*)

à-coup à son ancien état, sans convulsions et sans déchiremens ; et l'on aimait à croire que cette Constitution, où l'on retrouvait une ombre de monarchie, était propre à reposer les esprits, à calmer les factions et à ramener peu à peu la Nation entière, par le seul progrès de l'opinion, aux pieds de son légitime Souverain.

La Révolution du 4 septembre 1797 a fait évanouir les espérances, peut-être prématurées, des gens de bien (1); mais, s'il est probable qu'elle ait éloigné le retour de la Monarchie, il est bien certain qu'elle a porté le coup mortel à la République. Dans cette fatale journée, la souveraineté du peuple, la liberté des opinions, la majesté de la représentation nationale, l'autorité des lois, la force des jugemens, tous les fondemens de la Constitution ont été renversés. Les représentans que la Nation s'était choisis, les seuls qu'elle avouât pour ses délégués, les seuls dont les opinions primassent le vœu universel, périssent sur un rivage barbare, tandis que les restes impurs de la Convention dominent dans l'un et l'autre Conseil,

---

(1) A cette époque, comme dans tous les momens où l'opinion publique n'a pas été comprimée, elle a été royaliste, et le 18 fructidor prouve que la France désirait son roi légitime.

(Note de l'Editeur.)

et dictent des décrets abhorrés. Dans un grand nombre de villes, des administrateurs, des Magistrats élus par le peuple et destitués par le Directoire sont remplacés par des inconnus, que leurs crimes et la haine publique avaient forcés de s'exiler de leur patrie. Les formes républicaines subsistent encore, mais ce n'est que pour donner aux actes du despotisme le plus arbitraire une vaine apparence de légalité. La Nation française n'est plus représentée, elle n'est plus gouvernée par elle-même, elle n'est plus libre; la démocratie est détruite, une *oligarchie militaire,* le gouvernement d'Alger lui a succédé.

CHAPITRE XIV.

Conclusion.

Il fallait encore aux Français cette dernière Révolution , pour les convaincre que, dans les Etats populaires , ce n'est jamais ni le peuple , ni la loi , mais toujours une faction et la force qui gouvernent. J'ignore quelles en seront les suites , car le nombre des combinaisons informes qui peuvent sortir du chaos révolutionnaire n'est pas épuisé : mais il n'est pas besoin de savoir lire dans l'avenir pour assurer , qu'au point où en sont les choses, la France n'a plus à opter qu'entre la tyrannie et l'autorité légitime de son Roi,

C'en est fait de la République : le peuple n'en veut plus. Il rejette persévéramment toutes les institutions républicaines. Il est sourd aux proclamations et aux complaintes sans cesse réitérées du Directoire , et des corps administratifs. Il cédera peut-être à la violence ; mais sa haine pour la République s'accroîtra par le culte qu'il sera forcé de lui rendre.

Le Directoire lui-même ne veut plus, ni de la

Constitution de 1795, ni de toute autre où le peuple exercerait quelque influence. Il a trop vu que l'opinion publique se prononçait hautement contre lui. Il sent trop que cette opinion publique qui, dans les élections de 1797 avait formé de ses ennemis la majorité des Conseils, ne manquerait pas de dicter des choix pareils à l'avenir. Il était perdu, si les assemblées primaires de 1798 eussent joui de quelque liberté. Outre qu'elles eussent été indubitablement animées du même esprit que les précédentes, elles avaient à venger l'attentat des Triumvirs contre la représentation nationale.

Semblable dans son origine à la République d'Angleterre, la République française lui ressemblera encore dans sa fin. Après la mort de Cromwel, l'Angleterre également lasse de l'anarchie parlementaire, et de la tyrannie protectoriale, n'espera de repos qu'en plaçant sur le trône le fils de ce Roi qu'elle avait vu périr sur un échafaud. Le Directoire qui a subjugué le corps législatif, qui a détruit la représentation nationale, qui a dépouillé le peuple de tout ses droits constitutionnels, le Directoire est le Cromwel de la République française. Il tombera, et avec lui disparaîtra tout ce qui reste de la République; les dénominations et les formes. L'étendue de la France, sa population, sa position continentale, ses rapports avec le reste de l'Europe lui permettent encore moins qu'à l'Angleterre de chercher ailleurs que dans la monarchie, la tranquillité au-dedans, la paix et la considération au-dehors.

Le Gouvernement monarchique est un principe restaurateur pour les Nations épuisées par les discordes civiles. Rome, la France, l'Angleterre n'ont pas de plus belles époques que les règnes d'Auguste, de Charles VII, d'Henri VII, d'Henri IV, et les premières années de Louis XIV, et de Charles II. Quel autre Gouvernement aurait assez de force et de vigueur, pour contenir les factions ? Quel autre qu'un Monarque serait assez puissant, pour oser pardonner à tant de coupables, pour prendre confiance dans leur repentir, et leur en faire prendre dans sa clémence ? Quelle autre main, que la main paternelle d'un Roi, peut toucher à des plaies si profondes et si douloureuses ? Et, pour me servir d'une belle expression de l'Ecriture Sainte, comment l'ordre et la paix se rétabliront-ils, dans un Etat bouleversé de fond en comble, sans l'intervention *d'une providence royale ? Videbat enim sine regali providentià impossibile esse pacem rebus dari.*

De quelque manière que se modifient les principes de la Révolution, on ne peut jamais en attendre la paix domestique. La République française sera toujours déchirée par deux partis irréconciliables, la faction régnante , qui s'efforcera d'anéantir cette souveraineté du peuple , ce droit d'insurrection qui peuvent la renverser du trône , encore plus facilement qu'ils ne l'y avaient placée , et le parti de l'opposition qui ne cessera d'invoquer ces principes désorganisateurs pour s'emparer de la puissance publique. S'il arrivait que dans une société composée d'élémens si discordans, il s'établit un état de calme et de repos, ce serait le repos de l'abattement et du désespoir. Ce serait la paix que donnent les tyrans, *ubi solitudinem faciunt , pacem appellant.* (1) Robespierre, après avoir décimé la convention , les Triumvirs , après avoir détruit le corps législatif , se ventaient d'avoir pacifié la France.

Tant que subsistera le Gouvernement actuel , (la République) , la France ne doit pas espérer de paix avec les Nations étrangères. Une République puissante , fut-elle sagement constituée, et solidement affermie, nepeut conserver la paix domestique, que par des guerres extérieures. Le Sénat romain ne connaissait d'autre moyen de prévenir ou de calmer les séditions, que de proposer une guerre. Quand elle n'eut plus d'ennemis à combattre, Rome se déchira de ses propres mains.

Mais ce n'est pas seulement comme République

---

(1) Tacite.

que la France est condamnée à des guerres éternelles. Les principes avoués, et l'intérêt de ceux qui la gouvernent la mettent en état de guerre permanent avec toutes les Nations de l'Univers. La République française se croit appellée à étendre, par la force de ses armes, l'empire de la liberté et de la philosophie, comme Mahomet se disait envoyé du Ciel, pour propager la religion des croyans; et le fanatisme musulman n'était ni plus ardent, ni plus redoutable que le fanatisme jacobin. Il n'est plus besoin de conjectures et d'inductions pour pressentir les vues du Gouvernement français; il les a révélées lui-même à toute l'Europe, il les a notifiées à toutes les Cours. Le langage diplomatique du Directoire, les réponses de ses ministres, les harangues de ses ambassadeurs sont des manifestes contre tous les Souverains et contre tous les Gouvernemens. Le Directoire se proclame hautement l'ennemi de toute Nation, qui ne recevrait pas de sa main une constitution détestée dans le pays qui l'a vu naître et qui en fait le premier essai. Bien autrement dangereuse que ces Princes que l'on accusait de prétendre à la Monarchie universelle, la République française n'aspire à rien moins qu'à fonder l'anarchie universelle sur les ruines de l'ordre social.

A l'influence des principes et du fanatisme, se

joint l'intérêt des chefs. Tout démontre que le Directoire ne veut point la paix; plus d'une fois il a pu terminer glorieusement une guerre, encore plus funeste à la France victorieuse qu'à ses ennemis. Jamais il n'a voulu se prêter à une paix générale, et il n'a consenti à des traités séparés, que pour tromper les puissances et se ménager des moyens et des occasions de les détruire après les avoir affaiblies. Le directoire a besoin de la guerre, elle lui fournit un prétexte de dilapidations, de vexations, de mesures révolutionnaires; elle détourne l'attention des Français de ce qui se passe au milieu d'eux, et par un sentiment peu raisonné d'honneur national, elle forme une sorte de ralliement autour de ceux qui en préparent les succès; elle retient chez l'étranger ces armées qui, de loin, protégent par l'éclat de la victoire le Gouvernement qui les soudoie, qui de près, l'inquiéteraient par les prétentions des soldats, par l'ambition des généraux. Que n'aurait pas à craindre le Directoire, si rendus au repos et à la réflexion, si mêlés à leurs citoyens et témoins de leur misère, ces braves militaires venaient à reconnaître que sous les drapeaux de la liberté, ils n'ont combattu que pour la tyrannie.

Le Gouvernement monarchique est donc le seul qui puisse délivrer la France des guerres domestiques et des guerres étrangères. Mais si l'on veut enfin mettre un terme aux révolutions, si l'on veut asseoir la tranquillité publique sur une base solide et éprouvée, il ne suffit pas de relever le trône, il faut y placer celui que la loi y appelle; son droit incontestable et universellement reconnu le désigne à la France et à l'Europe, écarte tous les compétiteurs, éteint toutes les espérances, et jusqu'aux désirs de l'ambition. Lui seul n'a pas besoin d'élection pour régner, il est élu depuis plus de huit cents ans. Tout autre choix ne serait que l'ouvrage d'une faction, l'époque d'une révolution nouvelle, le signal de la guerre civile. Il est prouvé par les principes, il est démontré par les faits, que les Français ne peuvent se passer d'un Roi; mais s'ils étaient assez aveugles pour rejeter celui que le Ciel leur a donné, ils ne cesseraient de se battre pour le choix des tyrans, et cette malheureuse nation n'aurait fait que passer de l'anarchie républicaine à l'anarchie d'un despotisme électif (1).

Je l'ai remarqué ailleurs, d'après Montesquieu. Ce n'est pas en faveur des maisons régnantes, c'est

---

(1) Si Buonaparte eut été légitime la France l'eut sauvé en 1814 et 1815.

(Note de l'Ed.)

en faveur des peuples qu'a été institué le droit d'hérédité. Le bien qu'il produit, en prévenant les troubles qu'entraîne chaque mutation de règne dans les Gouvernemens électifs, l'emporte sur le mal que ferait une suite héréditaire de mauvais princes. Quels monstres que les premiers successeurs d'Auguste ! Un Tibère ! Un Caligula ! Un Claude ! Un Néron ! Mais comme la naissance ou l'adoption leur donnait un droit reconnu des peuples, sous ces règnes odieux, l'Empire, du moins, ne fut pas déchiré par les guerres civiles ; et quand on songe aux désordres épouvantables dont furent suivies les élections de Galba , d'Othon , de Vitellius et de Vespasien , on est tenté de regarder la mort de Néron comme une calamité publique. L'histoire du bas-Empire n'offre quelques intervalles de paix domestique, que lorsqu'on voit la couronne passer des pères aux enfans. Je ne parle point de la Pologne, ni de l'Empire germanique avant que la couronne impériale fut devenue, en quelque sorte, le patrimoine de la maison d'Autriche. Je ne citerai plus que la conduite de l'Angleterre, au commencement de ce siècle. Les Anglais avaient interverti l'ordre de la succession , en excluant du trône la postérité catholique des Stuarts ; mais ils sentirent combien il était nécessaire de conserver le droit d'hérédité.

Ils le transportèrent dans la ligne protestante ; et plutôt que d'exposer l'Etat aux orages d'une élection, ce peuple si fier appela pour le gouverner un Prince allemand , dans lequel il reconnaissait le sang de ses Rois.

Sous Charles VII , sous Henri IV , la France a été sauvée par le droit d'hérédité ; aujourd'hui encore , la providence lui conserve et lui montre un sauveur , dans la personne de Louis XVIII qui , au droit de la naissance , réunit tous ceux que donneraient à une couronne élective les lumières et les vertus.

N'en doutons pas : la force des choses, l'ascendant de la raison , la voix de l'intérêt rameneront les Français au Gouvernement de leurs pères ; que dis-je ? Le Directoire lui-même apprend à toute l'Europe, que déjà le vœu national se porte vers le Roi légitime. C'est en accusant les assemblées primaires et la majorité du corps législatif d'avoir cédé à l'influence des royalistes , qu'il entreprend de justifier l'attentat du 4 septembre. Accusation vraie, sans doute, puisqu'elle est souverainement imprudente , et qu'elle suffit , même dans les principes du Directoire , pour le convaincre du double crime de rebellion et de tyrannie.

En effet , quelle est, dans une démocratie , la source de l'autorité souveraine ? La volonté du peuple. Comment se manifeste la volonté du peuple ? Par la pluralité des suffrages, soit dans les ssemblées périodiques des citoyens, soit dans l'assemblée permanente des représentans de la Nation. Quelle que soit cette volonté ainsi manifestée , elle est esentiellement légale : quels qu'en soient les motifs , il faut s'y soumettre. Ceux-là seuls sont des rébelles et des conspirateurs qui osent accuser le Souverain de révolte et de conspiration.

Toutes les démarches du Directoire trahissent ses inquiètudes et sa peur. Il a signalé les premiers momens de son triomphe par une intolérance barbare : il a renouvelé la persécution contre les prêtres ; il a proscrit tous les écrivains qu'il n'a pu ni acheter, ni intimider. Un Gouvernement qui s'estimerait, et qui oserait prendre quelque confiance en lui-même, attendrait tout de la persuasion , et n'entreprendrait pas de forcer les consciences et les affections. Mais celui qui se voit chargé de l'exécration publique, veut être redouté, *oderint dùm metuant*, c'est la devise des tyrans. Ne pouvant faire aimer la République , le Directoire n'imagine rien de mieux que d'arracher à tous les hommes en place un serment de *haine à la royauté*. Il ose même le commander aux ministres d'une religion qui est toute amour, qui ne connaît point d'ennemis , qui fait profession de respecter tous les Gouvernemens, et dont

l'histoire nous montre des Rois établis par l'auto_
rité divine.

Eh! de quel droit ces hommes qui, de leur aveu, ne sont que les mandataires du peuple, prétendraient-ils lier par des sermens irrévocables la volonté du peuple? Le peuple ne serait-il plus le maître de réformer son Gouvernement, de l'abolir et de s'en donner un autre? La Nation toute entière eût-elle proscrit le régime monarchique, ce vœu du moment ne saurait l'engager pour l'avenir; fut-il prouvé démonstrativement que la royauté est le plus mauvais des Gouvernemens, on ne pourrait prescrire le serment de la haïr sans attenter manifestement à la souveraineté du peuple. « En tout état de cause, dit » Rousseau, et doivent dire tous les publicistes » démocrates, un peuple est toujours le maître » de changer ses lois, même les meilleures ; car » s'il lui plaît de se faire mal à lui-même, qui » est-ce qui a droit de l'en empêcher ?»

Les affections et les sentimens ne sont pas du ressort de la puissance politique; un Gouvernement légitime peut demander aux citoyens un serment d'*allégeance* ou de soumission extérieure, mais il ne peut leur enjoindre d'approuver ses lois et de les aimer. Des usurpateurs, des tyrans auraient-ils sur les consciences un droit que n'ont pas les Gouvernemens légitimes?

Le serment de haine à la Royauté est nul dans les principes de la Constitution , absurde dans les principes politiques , sacrilège dans les principes de la Religion. Le Directoire sait bien qu'il ne détachera de la cause de la Monarchie , ni l'homme irréligieux , pour qui les sermens ne sont que de vaines formules , ni l'homme religieux , qui ne peut l'expier qu'en le violant. Il ne l'a commandé que pour écarter des emplois tous ceux dont il redoute les lumières et la probité , et pour en faire un moyen de persécution d'autant plus efficace , que l'honneur et la religion ne peuvent s'y soustraire.

On a vu la Constitution de 1791 s'écrouler au bruit des sermens qui lui promettaient une durée éternelle. *La Royauté renaîtra malgré les sermens qui la proscrivent.* L'impulsion qui , en 1797 , reportait les Français vers le gouvernement de leurs pères , est suspendue par la terreur , mais n'est pas éteinte : c'est un ressort qui réagira avec d'autant plus de force , qu'il aura été plus fortement comprimé.

L'état actuel de la France est une de ces crises qui présagent et amènent les révolutions. Une nation catholique , un gouvernement athée et persécuteur ! Une nation royaliste , une constitution républicaine , un gouvernement despotique ! Ce

combat entre la nation et le gouvernement , entre
l'opinion et la force , peut encore se prolonger
quelque-tems , mais l'issue n'en est pas douteuse.
Chaque jour fortifie l'opinion , tandis que le Gouvernement s'épuise par la continuité de ses efforts.
Il y a un terme à la patience des peuples ; et le
moment arrive enfin où la haine , long-tems
concentrée , éclate et punit les tyrans. Une révolution soudaine a fait tomber le Corps Législatif
constitutionnel sous les coups du Directoire ; une
révolution contraire peut renverser en un jour ,
et le Directoire , et ces deux Conseils , que la
lâcheté ou la complicité tiennent dans sa dépendance. Des généraux enthousiastes ou ambitieux ,
des armées séduites ont prêté leur force au Directoire contre la Nation. Au milieu de ces mêmes
armées , une ambition plus noble et plus éclairée
peut susciter un Monck , qui se verra le chef et
le libérateur de la Nation , du moment qu'il
aura déployé l'étendart de la royauté. Enfin, depuis
qu'elle s'est livrée à l'esprit de système et d'innovation , la France n'a pu encore se donner un
Gouvernement qui ait subsisté plus de deux ans :
le Gouvernement actuel , qui est en opposition
ouverte , non-seulement avec le vœu des peuples ,
mais avec ses propres principes , et qui ne se soutient que par la violation continuelle de ses lois

constitutives, doit-il se promettre une plus longue durée?

Si le passé peut nous fournir des conjectures pour l'avenir, l'histoire est pleine de traits qui semblent justifier les espérances des amis de la Religion et de la Royauté. Chez tous les peuples où il s'était conservé quelque étincelle de courage, on a vu la liberté naître de l'excès de la tyrannie. Mais, je suis frappé surtout de la conformité qui se trouve entre l'état présent de la France, et l'état de Rome sous le dernier de ses Rois. Dans le tableau qu'il nous a laissé du règne de Tarquin, Tite-Live a peint le Directoire et son administration; le passage est remarquable, et je crois ne pouvoir mieux terminer cet ouvrage, qu'en l'offrant à la méditation du lecteur:

Neque enim ad jus regni quidquam præter vim habebat; ut qui, neque populi jussu, neque autoribus patribus regnaret. Eò accedebat, ut in caritate civium nihil spei reponenti metu regnum tutandum esset. Quem ut pluribus incuteret, cognitiones capitalium rerum sine consiliis, per se solus exercebat; perque eam causam occidere, in exilium agere, bonis mulctare poterat, non suspectos modò, aut invisos, sed undè nihil aliud quàm prædam sperare posset.

FIN.

TABLE.

ERRATA.

Page 56, ligne 4.ᵉ, aulieu de : *prenait pour le texte*, lisez : *prenait pour texte*.

Page 245, ligne 11, aulieu de : *les erreurs*, lisez : *les errans*.